D1720131

PETER URBAN

ABSEITS

DER TODESSTOSS

VOM

AUTOBIOGRAFIE KRIMI

URTEIL

© 2023
1. Auflage
Alle Rechte vorbehalten
Urheber: Matthias Küffner & Regina Schiele
Autor: Peter Urban
Druck: Druckerei & Verlag Steinmeier, Deiningen

ISBN: 978-3-910597-05-1

www.borntolive.net

Fotos:
Peter Hueber, Finck GmbH
André Berger, Medizinreporter flash-light
Nina Marie Berger, farbGESTOERT
Markus Bosch, Digitale Ikonen

INHALTS-VERZEICHNIS

INHALTS - VERZEICHNIS

VORWORT

Die ersten Zeilen dieser Biografie sind bereits vor über 20 Jahren entstanden.

Nun ist daraus ein Krimi geboren und wir sind unsagbar stolz, unser erstes Buch in Händen zu halten und zahlreichen Menschen damit mehr als nur ein spannendes Leseerlebnis zu bieten. Unser Ziel ist es, die Inklusion in die Welt zu tragen und auch Dich zu motivieren. Denn eines ist klar - jeder Mensch ist lebens- und liebenswert. Egal ob mit oder ohne Handicap.
Auch DU!

Entscheidend ist nur was man aus seinem Leben und den Bedingungen macht.

Wie sieht es bei DIR aus? Rockst Du Dein Leben oder lebst Du gerade eher so dahin und fühlst Dich deinem „Schicksal" erlegen?

Dein Schicksal bist Du, also bist auch Du die einzige Person, die für Dein Glück und Deine Zufriedenheit verantwortlich ist.

Nimm es in die Hand und genieße Deine Zeit hier auf Erden in vollsten Zügen!

Viel Spaß dabei,
wünschen Regina und Matthias

WIE UNSERE PHANTASIE UNSER DENKEN VERRÜCKTSPIELEN LÄSST

Zuerst fiel das schicke Mountainbike auf, das scheinbar herrenlos an einem Hang in der Nähe der Ofnethöhlen gefunden wurde. Es war nicht einmal abgeschlossen, nur etwas versteckt halb unter einem Wacholderbusch abgelegt. Es war zwar etwas ungewöhnlich, dass auf dem Hausberg der Gemeinde ein herrenloses Fahrrad einfach so herumlag, aber auf der anderen Seite: was hatte man dort oben nicht schon alles gefunden. Anders als vielleicht in Nördlingen, in Oettingen oder gar in größeren Städten wie Augsburg wurde der Fund in einem Dorf wie Utzmemmingen nicht stillschweigend dem eigenen Fuhrpark übereignet. Er wurde zur Ortsvorsteherin gebracht, die ihn als offizielle Fundsache in Obhut nahm und versprach, sich umzuhören und ihn - sollte er nicht von jemandem bei ihr als vermisst angefragt werden - im nächsten Amtsblatt als solche bekannt zu machen.

Somit wurde zunächst auch kein unmittelbarer Zusammenhang hergestellt zwischen dem Bike und einem Vermisstenfall, den eine Herkheimer Familie nach einer anderthalbtägigen, zunehmend verzweifelten Suche bei der Nördlinger Polizei anzeigte. Ihr Sohn Marvin war nachts nicht nach Hause gekommen und auch am darauffolgenden Tag war er nicht aufgetaucht. Am Handy war er nicht zu erreichen und auch alle seine Freunde und Bekannten, mit denen er bevorzugt verkehrte, wussten nicht zu sagen, wo er abgeblieben sein könnte. Schließlich wurde die Polizei eingeschaltet, die sich zunächst nur schleppend zu Aktionen bewegen ließ. Nur allzu oft „verschwinden" gerade Jugendliche in Marvins Alter ein paar Tage und kehren dann nach ein paar durchzechten Nächten, zwar verkatert, aber sonst wohlbehalten ins elterliche Nest zurück. Erst nachdem man sich glaubhaft versichern ließ, dass Marvin weder Alkohol trank noch sonst mit Drogen zu tun hatte und sogar aktuell eine Ausbildung als Krankenpfleger absolvierte, sprang der Apparat an. Ein Hubschrauber wurde angefordert und Suchtrupps gebildet, die die Gegend um Herkheim absuchten. Ohne Erfolg. Erst eine Meldung der Rieser Nachrichten, zwei Tage später, rief die Utzmemminger Ortsvorsteherin auf den Plan, die sich an die abgegebene Fundsache erinnerte. Schnell war dann klar, dass es Marvins Mountainbike war, das sie entgegengenommen hatte.

Matthias Kaah bekam von dem allem nichts mit. Er kannte Marvin und er hätte, wäre er gefragt worden, nur das Beste über seinen neuen Praktikanten sagen können, der seit ein paar Wochen in seinem Pflegeteam sowas wie der Sonnenschein war. Immer freundlich, immer hilfsbereit, klug, eloquent und stets zu Scherzen aufgelegt. Von einem großen Pflegedienstleister war er zu Kaah vermittelt worden, um im Rahmen eines Praktikums Erfahrungen sammeln zu können, die ihm im Pflegeberuf später zugutekommen sollten. Schon nach wenigen Tagen war klar gewesen, dass Marvin ein ganz außergewöhnlicher Junge war. Lebensbejahend, zugewandt, fleißig. Er verstand sich hervorragend mit seinen Kollegen und vor allem auch mit seinem Interims-Auftraggeber. Klaglos und geschickt fügte er sich ins Team ein, das sich bei der 24/7-Betreuung ihres Klienten auf reibungslose Übergänge und getroffene Absprachen hundertprozentig verlassen können musste.

Aus privaten Gründen hatte Marvin um eine Woche Urlaub gebeten, sodass niemand im Team auf die Idee gekommen war, dass es Marvin sein könnte, der von seinen Eltern vermisst wurde. Die wiederum dachten wegen der Auszeit auch gar nicht daran, bei Matthias Kaah nach dem Verbleib Marvins anzufragen.

Derweil hatte Matthias alle Hände voll zu tun, mit seinem Team die Feierlichkeiten zu seinem fünfzigsten Geburtstag vorzubereiten. Es sollte eine ganz besondere Feier werden. Schließlich hatte er es bald geschafft, seine ursprünglich vorhergesagte Lebenserwartung um satte 45 Jahre zu übertreffen. Das sollte auf seinen Wunsch hin mit einem riesengroßen Dankesfest begangen werden. Ein Fest für alle, die Matthias auf seinem langen und mehr als beschwerlichen Lebensweg helfend begleitet hatten. Er hatte dafür sogar den Dorfplatz reserviert und jetzt war er mitten in der Planung, was sich in zwei Monaten auf diesem Platz an Attraktionen abspielen sollte.

Matthias Kaah war alles andere als ein normaler Jubilar. Er wurde mit einer spinalen Muskelatrophie geboren. Nur die ersten 6 Monate seines Lebens waren, wie ihm seine Mutter immer wieder erzählt hatte, normal verlaufen. Erst nach und nach bemerkten seine Eltern, dass mit ihrem Neugeborenen etwas nicht ganz in Ordnung war. Der faule Bub, wie er als vermutlicher Spätentwickler zunächst scherzhaft genannt wurde, wollte partout nicht selbstständig sitzen und musste sich immer irgendwo anlehnen. Und es verwuchs sich auch nicht, wie die vielen um Rat nie verlegenen Bekannten, die dem Neugeborenen und seinen Eltern, wie auf dem Dorf üblich, einen Neugierbefriedigungsbesuch abstatteten, natürlich gerne zur Beruhigung einwandten. Nichts verwuchs sich und die körperliche Aktivität des Kleinen ging, statt sich allmählich zu steigern, immer mehr zurück.

Die zunehmend besorgten Eltern wandten sich an verschiedene Ärzte im nahen Nördlingen, die mit der immer offensichtlicher werdenden Fehlentwicklung des Kindes zunächst wenig anfangen konnten. Eine Muskelerkrankung wurde lange nicht erkannt, zu dieser Zeit waren die auftauchenden Beschwerden mehr als dürftig erforscht und bei gewöhnlichen Hausärzten damit so gut wie unbekannt. Erst eine Muskelbiopsie, die Matthias' Kinderärztin in Augsburg dann doch durchführen lies, brachte die für alle Beteiligten erschütternde Diagnose, die die Gewissheit brachte, dass das Kind nie ein normales Leben würde führen können.

Zudem kam die als sicher geltende Prognose der Ärzte, dass die Lebenserwartung maximal 4 bis 6 Jahre betrüge und das Kind eher noch nicht einmal das Kindergartenalter erreichen würde. Der Schock der Eltern saß tief und schnell sprach sich im Dorf herum, dass der kleine Matthias als Krüppel enden würde. Aber, zum Glück für die Eltern, würde er wohl nicht lange leben.

„Des isch doch eh' koi Leba net", lautete das schnelle Urteil. Und der einzige Trost für die Eltern sollte sein, dass sie damit nicht allzu lange, „a paar Johr halt", unter ihrem Schicksal zu leiden haben würden.

Die Erklärung der Ärzteschaft für die betroffenen Eltern, was denn eigentlich die Krankheit genau bedeuten würde und woher sie kam, war mit einfachen Worten gar nicht so leicht auszudrücken: „Normalerweise ziehen sich die Muskeln bei einer Aktivierung durch die versorgenden Nerven zusammen. Der Muskel kontrahiert, er wird kürzer und spannt sich an. Nur so können Bewegungen überhaupt durchgeführt werden.

Spinale Muskelatrophien sind Erkrankungen, die auf einer Degeneration von Nervenzellen des Zentralnervensystems beruhen, die normalerweise für die Ansteuerung der Muskelfasern und damit auch für die Kontraktion zuständig sind. Durch die fehlenden Reize können die Impulse aus dem Nervensystem nicht mehr an die Muskeln weitergeleitet werden.

In der Folge kommt es zu Lähmungen, Muskelschwund und verminderter Spannung der Muskeln. Muskeln, die aufgrund der Krankheit nicht mehr angesteuert werden, können nicht mehr arbeiten.

Der Muskel kann nicht genutzt werden und wird aufgrund der Ruhigstellung immer schmächtiger. Wenn eine größere Zahl von Muskelfasern von der Lähmung betroffen ist, kann man sich nicht mehr, oder nur sehr eingeschränkt, bewegen. Dabei ist der Muskel selber nicht erkrankt, was die Krankheits-Situation um so fataler macht."

Berta und Rudolf Kaah allerdings dachten gar nicht daran, sich den Tatsachen dieser Erklärung und der vermeintlichen Fügung zu ergeben. Im Gegenteil, sie wollten ihrem Kind, solange es eben leben würde, ein schönes und würdiges Dasein ermöglichen.

Beispielsweise fuhren sie mit ihm und den beiden anderen Kindern Armin und Thomas einmal im Jahr in den Urlaub. Meistens war es ein Familienferiendorf im Allgäu, aber auch mal ein Ausflug in den Europa-Park. An die Fahrt in der Wildwasserbahn erinnert sich Kaah noch heute mit einem Lächeln, eingeklemmt zwischen den kräftigen Oberkörpern seines Vaters und seines Bruders Armin. Die wildeste Fahrt seines Lebens war aber die, als sein Rollstuhl kaputt ging, während er im Dorf alleine unterwegs war. Kurzerhand kam sein Vater mit dem Auto und hängte den Rollstuhl mit einem Abschleppseil hinten an.

Und auch die Verwandtschaft kümmerte sich um sein Wohlergehen: sein Onkel baute Matthias einen kleinen Holzhammer, mit dem er damals die Computertastatur oder die Schalter des Rollstuhls bedienen und sich im Notfall auch mal an der Nase kratzen konnte. Diesen kleinen Holzhammer hat er noch heute in seinem Lebensmusem. In diesem hatte Kaah unendlich viele Erinnerungsstücke, Fotos und Texte aus seinem Leben gesammelt, welches inzwischen aus mehr als drei Vitrinen und zahlreichen Beleuchtungselementen besteht. Auch thront dort ein Foto von Konrad Zuse. Konrad Ernst Otto Zuse war ein deutscher Erfinder, Bauingenieur und Unternehmer. Er entwickelte den ersten programmgesteuerten Rechner und die erste höhere Programmiersprache der Welt Ohne diese Erfindung würde es heute keinen Computer und keine Handys geben. Matthias durfte diesen Mann in seiner Jugend 1993 noch persönlich bei der Fernsehsendung Nachtcafé kennenlernen. Matthias war damals geladen, um die technischen Vorteile der elektronischen Hilfsmittel für Menschen mit Behinderung darzustellen

Matthias Kaah war seinen Eltern für diesen nicht nur aus seiner Sicht bewundernswerten Umgang mit Krankheit und Kind überaus dankbar. Die Vorbereitungen für sein Fest führten ihn immer wieder in Gedanken zu diesen Highlights und zu seinem inzwischen verstorbenen Vater zurück. Doch Tod und Trauer sollten bei seinem Geburtstagsfest auf keinen Fall eine Rolle spielen.

Die Suche nach Marvin konzentrierte sich inzwischen auf den Riegelberg, die Ofnethöhlen und den längst verlassenen Steinbruch mit seinen steil abfallenden Wänden. Doch das riesige Areal ist aus Sicherheitsgründen schon seit Jahren komplett umzäunt und kann eigentlich nicht betreten werden. So jedenfalls die Sicht der zur verstärkten Suche eingesetzten Polizeibeamten.
Doch schnell stellte sich heraus, dass der Sicherungszaun an zahlreichen Stellen mehr oder minder gut getarnte Schlupflöcher aufwies. Es konnte sich aber niemand erklären, weshalb man den Zaun, so kurz vor dem Abgrund, offensichtlich mutwillig zerstört hatte. An einer Stelle waren sogar zwei Pfosten abgeknickt worden und der Zaun

lag mehr oder weniger flach da. Jugendliche Mutproben, Vandalismus? Eine schlüssige Erklärung jedenfalls hatte niemand. Außer dass wohl fahrlässigerweise die Zaun-zustands-Kontrollen recht mangelhaft durchgeführt worden waren. Wenn überhaupt.

Marvin halfen diese Überlegungen nichts mehr. Er wurde von Feuerwehrleuten am Fuß einer Steilwand gefunden, genau unter der Stelle, an welcher der Zaun flach vor dem Abgrund lag. Sein Körper war übel zugerichtet, Gliedmaßen gebrochen und merkwürdig vom Körper abgespreizt. Er musste beim Sturz mehrmals aufgeschlagen und sich überschlagen haben. Ein wild gewachsenes Gebüsch hatte ihn aufgefangen, die Wucht seines Sturzes aber offensichtlich nicht abgemildert. Zweifel daran, dass er tot war, konnten beim Anblick der Leiche erst gar nicht aufkommen.

Wie ein Lauffeuer verbreitete sich die traurige Nachricht. Noch bevor der Kriminal-Dauerdienst aus Dillingen mit Kriminaltechnik und professionellem Equipment eintraf und den Fundort großräumig absperrte, waren Schaulustige am Ort des Geschehens am Rand des Steinbruchs. Groß und Klein in durchaus stattlicher Anzahl aus Utzmemmingen und Holheim, ließen es sich nicht nehmen, den Ort des vermeintlichen Geschehens in Augenschein zu nehmen und erste Einschätzungen auszutauschen. Sollte es dort oben seitens der Kriminaltechniker noch nötig gewesen sein, Spuren zu sichern, waren sie längst niedergetreten. Denn natürlich wollte man, wenn man sich schon den zum Teil steilen Weg vom Ort hier herauf angetan hatte, auch hinter dem Zaun möglichst nahe und persönlich am gruseligen Geschehen teilhaben.

Tagelang gab es im gesamten Donau-Ries kein anderes Gesprächsthema. Blumen wurden, nachdem die Polizei den Ort wieder verlassen hatte, an der Unglücksstelle niedergelegt, Abschiedsbriefe, Grablichter und Stofftiere hinterlassen. Und jeder, der Marvin auch nur vom Sehen gekannt hatte, wollte eine Anekdote über sein kurzes Leben der interessierten Öffentlichkeit preisgeben.

JEDER TAG KANN DER LETZTE SEIN

Als erste erfuhr Regina vom tragischen Tod ihres noch neuen, jungen Kollegen. Sie war Leserin der Online-Ausgabe der Rieser Nachrichten, die schon in der Nacht vor dem Erscheinen der gedruckten Ausgabe im Internet verfügbar war. Sie hatte Nachtschicht und überwachte den Schlaf von Matthias Kaah, wie so oft in den vergangenen Jahren, seit sie sich als Klient und Pflegekraft kennengelernt hatten und inzwischen Freunde geworden waren. In der Regel verliefen die Pflegenächte routiniert und glücklicherweise ereignislos, sodass für die Pflegekräfte Zeit blieb, unter anderem virtuell in der Zeitung vom nächsten Tag zu stöbern.

Ein Stöbern, das in dieser Nacht jäh blankem Entsetzen wich, als Regina den Bericht vom Leichenfund eindeutig und aufgrund der von der Zeitung gelieferten Hintergrundinformationen zweifelsfrei Marvin zuordnen konnte. Unter Tränen registrierte sie die Spekulationen der Behörden, offensichtlich ging man bei der Polizei von einem Selbstmord aus. Aber Gewissheit sollte eine Obduktion bringen, die in den nächsten Tagen Ergebnisse liefern werde. Ein Abschiedsbrief sei allerdings nicht gefunden worden.

Marvin und Selbstmord? Das konnte sie sich beim besten Willen nicht vorstellen. Ein so vor Lebenslust sprühender Mensch bringt sich doch nicht einfach um. Niemals. Das würde sicher auch Matthias so sehen.

Oh Gott, Matthias! Wie sollte sie ihm das nur beibringen? Er hatte Marvin doch schon von Anfang an in sein Herz geschlossen. Die Nachricht würde ihn bis ins Mark erschüttern. Und sie hatte nur noch ein paar Stunden Zeit, sich auf sein Aufstehen und das in diesem Fall im schlechtesten Wortsinn böse Erwachen vorzubereiten.

Es war noch nie einfach für Kaah, mit dem Tod umzugehen. Als er 13 Jahre alt war, ist sein Vater überraschend gestorben. Es hatte ihn damals ins Mark getroffen und seither erinnert ihn jeder Abschied an das tragische Ereignis von damals. Es war Sonntag und Matthias Eltern hatten – ganz entgegen ihrer sonstigen Gepflogenheiten, denn die Familie lebte noch in sehr bescheidenen Verhältnissen – zum Festtagsessen eingeladen. Drei Söhne, Papa, Oma und Tante saßen erwartungsvoll am Tisch, als Mutter Berta den köstlich duftenden Braten in einer großen Pfanne auf den Tisch stellte und selbst gemachte Spätzle auf die Teller zu verteilen begann. Rudolf Kaah als Haushaltsvorstand oblag die Aufgabe, den Braten aufzuschneiden. Was er auch liebend gerne tat. Die hungrigen und erwartungsfrohen Gäste bemerkten zunächst gar nicht, dass Rudolf sich nicht groß selbst vorlegte. Als Berta ihn fragte, warum er denn so sparsam bei seinem eigenen Teller sei, erwähnte Matthias Vater, dass er sich nicht richtig wohl fühle und „irgendwie Kopfweh" habe. Wenig später legte er sein Besteck weg und sagte, er wolle sich kurz hinlegen, weil die Schmerzen immer stärker würden. Sobald es ging, und das Mahl sich dem Ende neigte, schaute seine Frau nach ihm und brachte ihm kalte Umschläge, um die Schmerzen zu lindern. Doch es war nichts zu lindern, ganz im Gegenteil. Die Beschwerden müssen so heftig geworden sein, dass sein Vater nur noch schreien konnte. Oma versuchte, die ängstlich-aufgeregten Kinder zu beruhigen, die Tante verständigte den Notarzt. Die dreißig Minuten, die bis zum Eintreffen der Sanitäter vergingen, waren für alle Beteiligten eine nicht enden wollende Tortur. Die immer schrecklicher klingenden Schreie des Vaters, die zunehmend verzweifelte Mutter und die verängstigten Kinder ... Das Weglegen des Bestecks sollte die letzte Szene gewesen sein, die Matthias von seinem Vater sehen sollte. Doch es war kein Film, sondern eine Tragödie. Nur wenige Tage später, am zweiten Weihnachtsfeiertag, bekam die Familie die Nachricht, dass Rudolf Kaah an einer Hirnblutung verstorben sei.

Seitdem ist für ihn nichts mehr, wie es war. Sein Papa war damals sein Ein und Alles, sein großes Vorbild, der große starke Mann gewesen, den nichts erschüttern konnte. Strebsam und fleißig hatte er Schweiß und Blut in das Haus gesteckt, in dem Matthias Kaah heute noch lebt. Von Beruf Steinmetz, hat er immer hart gearbeitet und auch am Wochenende in Überstunden Schriften in Grabsteine geklopft, um die Schulden für das Haus schneller abzahlen zu können. Die wenige freie Zeit, die ihm noch blieb, hat er weiter am Haus gebaut und bei seiner Familie verbracht. Besonders das gemeinsame Hobby, eine riesengroße Modelleisenbahn, zu der es jedes Jahr am Geburtstag oder zu Weihnachten ein neues Gebäude oder Fahrzeug gab, erinnert Matthias Kaah auch heute noch an den Traum einer kompletten Familie.

Ein Traum, der nach dem jähen Ende das Leben aller veränderte. Mutter Berta musste für drei Jungs alleine sorgen, den Haushalt führen und irgendwie Geld verdienen, um das Haus zu halten. Matthias Brüder allerdings, die damals gerade erwachsen geworden waren, bekamen statt Highlife und Disco sehr verantwortungsvolle Aufgaben und mussten häufig auch bei seiner Versorgung mithelfen. Was sie klaglos taten und wie selbstverständlich dafür ihre privaten Interessen hinten anstellten. Ohne den Zusammenhalt wäre damals alles zusammengebrochen, der Kampfgeist aller hat alle als Familie überleben lassen.

Seine Mutter suchte nach dem Schicksalsschlag Trost in der Kirche. Das Kloster in Reimlingen und die dort lebenden Brüder waren für sie eine Anlaufstelle, die ihr Halt und Orientierung gab, wenn sie nicht weiter wusste. Und auch für Matthias tat sich dadurch eine Tür auf, die über lange Jahre für ihn offen stand, wenn auch über den Umweg einer Wallfahrt nach Lourdes.

Denn auf dieser Wallfahrt, die er nur auf sanften Druck seiner Mutter mit antrat, lernte er Bruder Domenico von der Kongregation der Missionare von Mariannhill in Reimlingen kennen.

Matthias traute schon als Teenager den Erzählungen von Genesungswundern nicht, die hin und wieder von Pilgerreisen mit Kranken und Menschen mit Behinderungen nach Lourdes kolportiert werden. Und er konnte auch das

Gottvertrauen, die Lebendigkeit und die Zuversicht nicht spüren, von der viele Menschen geprägt sein sollen, die den Wallfahrtsort besuchten und an der Grotte von Massabielle Stärkung in ihrem Glauben und ihrer persönlichen Situation erfuhren.

Mehr oder weniger interessiert feierte er, seiner Mutter zuliebe, gemeinsam Eucharistie, nahm auch am Internationalen Gottesdienst in der unterirdischen Basilika Pius X., an der Sakramentsprozession mit Krankensegen, an der Lichterprozession und am Beten des Kreuzweges teil. Er besuchte sogar die Stätten, an denen die Bernadette mit ihrer Familie lebte.

Bernadette! Auch 30 Jahre später brachte ihm der Name Bernadette mit Regina Bernadette Schiele, einen Menschen als wahre Bereicherung ins Leben. Regina ist sehr stolz auf ihren zweiten Namen. Als Kind war das anders gewesen, aber jetzt findet sie ihn wunderschön. Ihre Eltern Heidelore und Otto hatten diesen Namen damals gewählt, weil sie im Schlossgarten des alten Schlosses in Bollstadt, das im Jahre 1854 abgerissen wurde, wohnen. Auf ihrem Anwesen steht heute noch die der hl. Bernadette gewidmete Lourdeskapelle.

Was seiner Mutter tatsächlich zu helfen schien, „das Wunder der Stärkung und des Annehmens des persönlichen Schicksals" (so stand es im Programmprospekt), war für ihn nur ein riesengroßes Theaterstück, das mit täglich zigtausenden von Besuchern aufgeführt wird.

Für ihn war Bruder Domenico das Himmels-Geschenk, das er von dieser Reise mit nach Hause brachte. Dieser - wie er immer selbst betonte – „einfache Mönch", der die Gärtnerei des Klosters in Reimlingen leitete, wurde für ihn zum Ersatzvater. Über einen Zeitraum von fünfzehn Jahren begleitete er ihn durch alle Höhen und Tiefen, hörte zu, nahm seine Sorgen ernst, beriet ihn in allen Fragen seines Erwachsenwerdens. Er war auch dann geduldig, einfühlsam und mit Engelszungen zur Stelle, als Matthias während der Pubertät nicht wenige Male an seinem Schicksal zu zerbrechen drohte.

Jeden Freitag nach der Schule durfte er zu Bruder Domenico in die Gärtnerei „zum Helfen". Während der Gärtnereibruder Blumengestecke, Trauerkränze oder für das Wochenende bestellte Brautsträuße band, die Brautautos schmückte und florale Anstecker oder Tischschmuck fertigte, diktierte Bruder Domenico seinem Schützling Anzahl und Umfang der verwendeten Materialien. So lernte er schnell, beinahe parallel zum Produktionsprozess, die dazugehörigen Rechnungen zu schreiben. Eine Aufgabe, die ihn zwar forderte aber vor allem stolz machte. Er wurde gebraucht und konnte zeigen, was in ihm steckte.

Die meisten Sonntagnachmittage verbrachte der Bruder im Haus Kaah, er kümmerte sich um Matthias, damit seine Mutter wenigstens einen halben Tag ohne schlechtes Gewissen freinehmen und ihren eigenen Bedürfnissen nachgehen konnte. Auch diese Begegnungen waren eminent wichtig für den Jungen, er sehnte sich die Wochenenden, in denen Bruder Domenico für ihn da war, geradezu herbei.

Ein Darmkrebs, der sich rasend schnell durch den Körper Bruder Domenicos fraß, beendete die Freundschaft des jungen Mannes und seines so wichtigen Spiritus Rector, abrupt und erbarmungslos, endgültig.

Nicht nur deshalb hat Matthias Kaah eine große - und nur für ihn erklärliche - Angst, selbst vor kleinen Abschieden.

Selbst der Tod von Haustieren, für deren Besitz der kleine Matthias seine Eltern schon immer bedrängt hatte, waren große Tragödien für ihn. Er hatte sich, sehr zum Leidwesen seiner Eltern, schon immer stark zu Tieren hingezogen gefühlt. Er erbettelte so ziemlich jedes Haustier, das man nur haben konnte. Zunächst war es ein Goldfisch, aus der Sicht seiner Eltern, das noch am Einfachsten für ihn zu betreuende Tier. In einem kleinen Aquarium mit ein paar schönen Pflanzen und einer Filteranlage schwamm der kleine Kerl munter in seinem Reich umher und machte seinem Besitzer anfangs sehr viel Freude. Doch mit der Zeit spürte Matthias, dass ihm etwas fehlte. Er konnte das Tier nicht anfassen, nicht wirklich mit ihm kommunizieren, es kam nichts zurück von ihm. Das tägliche Füttern und der Wasserwechsel, Dienste für die er verantwortlich sein wollte, waren ihm zu wenig.

Wochenlang lag er seinen Eltern in den Ohren, dass sie ihm doch auch noch einen Hamster schenken sollten. Den könne er in die Hand nehmen und streicheln und außerdem wäre er nur dann rundum zufrieden und glücklich. Steter Tropfen höhlt den Stein. Sein Vater baute einen kleinen Käfig, mit allem drin, was ein Hamsterherz begehrt, vom Häuschen über eine Brücke bis hin zum Laufrad. Es fehlte an nichts zum Glücklich sein, nicht dem Hamster und nicht dem Kind.

Doch Matthias wollte mehr. Noch mehr Kontakt zu einem Tier. Er träumte lange von einem Hund. Es sollte noch Jahre dauern, bis er sich auch diesen Wunsch erfüllen konnte. Denn immer wieder kamen ihm Zweifel, ob er mit seiner Behinderung einem großen Haustier wie einem Hund die nötige Fürsorge geben könnte. Er wollte dessen artgerechte Haltung und die Versorgung gewährleistet wissen. Und auch, ob er das zusätzlich mit seinem Beruf vereinbaren könnte und er auch das Gassi führen bewerkstelligen könne. Hundetrainer Carsten, der hauptberuflich Krankenpfleger war, beriet ihn und überzeugte ihn schließlich, dass ein Hund durchaus sein Leben bereichern könne und er im Gegenzug das des Hundes.

Matthias entschloss sich, zunächst einmal mit jemand vom Tierheim zu sprechen. Vielleicht könnte er eine Art Patenschaft für einen Hund übernehmen, damit er sehen könnte, ob ein Zusammenleben mit Hund generell möglich wäre. Seine Mutter lebte mit ihm in einem Haus, war aber nicht damit einverstanden, dass ein zusätzlicher Bewohner Einzug halten sollte. Sie hatte schlichtweg Angst vor Hunden.

Im Tierheim begrüßte ihn die damalige Leiterin freundlich und zuvorkommend. Die Tatsache, dass er im Rollstuhl saß, wurde zwar registriert, aber nicht, wie er befürchtet hatte, mit stillschweigendem Naserümpfen begleitet. Mit leichtem Bauchkribbeln erklärte er seinen Wunsch:

„Ich denke, eine Patenschaft, in der ich für einen Hund Verantwortung übernehmen könnte, wäre doch eine gute Möglichkeit, das Thema auszuprobieren. Geht das?"

„Ja natürlich." Die freundliche Frau mittleren Alters, die Kaah und seine Assistentin in Arbeitsklamotten am Tor empfangen hatte, schien seine Behinderung überhaupt nicht wahrzunehmen. „Wie stellen Sie es sich denn vor?"

„Ich würde den Hund bei mir aufnehmen, wäre für das Gassigehen zuständig und natürlich würde ich für alle finanziellen Belange aufkommen."

„Normalerweise sehen Patenschaften bei uns ein wenig anders aus. Die Paten kommen ein- bis dreimal die Woche und führen ihren Schützling aus. Sie bringen Futter und Leckerlis und verwöhnen das Tier, so gut sie können. Alles andere übernehmen wir. Meistens sind das Hunde, die lange bei uns sind."

„Ich möchte ihn aber bei mir haben." Matthias war enttäuscht, dass er nicht sofort einen Hund mitnehmen durfte.

„Ich weiß nicht recht, ob wir da eine Ausnahme machen können." Sie zögerte.

„Denken Sie, ein Hund stört sich an meiner Behinderung?"

„Ich bitte Sie." Die Frau lachte laut auf. „Ein Hund ist doch nicht so wertend wie ein Mensch. Dem ist es egal, wie Sie aussehen, welche Hautfarbe, welches Geschlecht oder Einschränkung Sie haben. Für ihn zählt der Mensch. Ich glaube, ich habe schon eine Idee."

Sie ließ den Hund „Sissi" holen. Unwillkürlich dachte Matthias an die Kunstfigur von Romy Schneider. Einen Schönling als Begleiter konnte er sich nicht vorstellen. Was dann als Sissi aus dem Zwingerbereich um die Ecke kam, war alles andere als eine kaiserliche Fantasiegestalt. Gerade mal 40 cm hoch, grauschwarz, mit weißer Schnauze und einem weißen Bauchfleck, aber offensichtlich nicht mehr ganz jung. Schwanzwedelnd kam sie auf Kaah zu, schnupperte an seinen Beinen.

„Sissi ist ein Labrador-Mischling, dessen Frauchen vor wenigen Wochen verstorben ist. Die Angehörigen hatten keinen Platz für das Tier und so ist es hier gelandet." Obwohl er auch keine affektierte Adelige als Gefährtin haben wollte, schien ihm dieses Tier doch ein wenig zu gewöhnlich. Doch sofort rief sich Kaah innerlich zur Ordnung. Was bildete er sich eigentlich ein? Die Tierheimleiterin schien seine Bedenken zu erahnen. „Gehen ... oh Entschuldigung ... fahren Sie doch ein Stück mit Sissi. Sie werden dann gleich spüren, ob sie zusammen passen." Die Heimleiterin hatte recht. Voller Freude kehrte Matthias Kaah schon nach einer halben Stunde wieder zurück. Sissi war so unkompliziert, fröhlich und völlig problemlos vor und neben seinem Rollstuhl gelaufen, als würden sie sich schon seit Jahren kennen. „Sissi ist top. Ich habe das Gefühl, sie hat nur auf mich gewartet." Kaah war in diesem Moment der glücklichste Mensch auf Erden.

In den folgenden Wochen und Monaten fuhr er nahezu jeden Tag ins Tierheim, um vor und nach der Arbeit mit Sissi spazieren zu gehen. Jedes Mal blutete ihm das Herz, wenn er das Tier wieder zurück ins Heim und in den kalten Zwinger bringen musste. Konsequent arbeitete er darauf hin, Sissi zu sich nach Hause holen zu dürfen. Seine Mutter hatte sich inzwischen halbwegs damit abgefunden, denn sie wusste genau, dass er, wenn er sich etwas vorgenommen hatte, dies nicht mehr verwerfen würde. „Du hast mich ja schließlich zum Kämpfer erzogen!"

Sissi und Matthias schlossen schnell Freundschaft. Nach ein paar Monaten Fernbeziehung war es geschafft. Sissi zog nach Utzmemmingen: Hundekorb, ein Riesenvorrat Futter und die Adresse des Tierarztes – für alle Fälle – lagen griffbereit im Schrank für das nötige Tier-Mensch-Verbindungs-Equipment. Der halbe Labrador fühlte sich augenblicklich pudelwohl. Das zeigte er auch gerne, die beiden verbrachten wunderbare Tage, auch im Urlaub und in der Hundeschule. Sissi war eine fleißige Schülerin und folgte Matthias bald aufs Wort. Nichts schien die Idylle trüben zu können.

Der Tumor, den das Tier wohl schon lange in sich getragen hatte und der sich nach anderthalb Jahren Zusammenleben in Form eines immer größer aufgeblähten Bauches zeigte, setzte der Beziehung ein jähes Ende. Kaah war am Boden zerstört, als er erkennen musste, dass Einschläfern die einzige Hilfe sein würde, die er seinem kleinen Freund noch geben konnte. In einem extra angefertigten kleinen Sarg ließ er seine erste große Hundeliebe einäschern. In seinem Garten erinnert heute noch ein kleiner Gedenkstein, unter der sie begraben ist, an Sissi. Wochenlang kämpfte Matthias Kaah mit seiner Trauer. Er konnte sich lange nicht vorstellen, jemals über diesen Verlust hinwegzukommen. Regina erinnerte sich nur allzu gut an diese langen dunklen Tage, die sie jetzt – wenn sie Matthias die Nachricht vom Tod Marvins mitteilt – erneut heraufziehen sah.

Regina ist für Matthias mehr als nur die Chef-Pflegekraft in seinem Team. Die hübsche sympathische, sportlichdrahtige Mittdreißigerin ist examinierte Gesundheits- und Krankenpflegerin, Mentorin, Mentalcoach, Sparringspartnerin und Advocatus Diaboli in Personalunion. Mehr als einmal hat sie ihren Schützling aus tiefen emotionalen Löchern geholt. Und ihn dabei nicht gerade mit Samthandschuhen angefasst.

Kaah fasziniert ihr freundschaftlicher Kontakt auf Augenhöhe. Seit sie für ihn arbeitet, ist sie für einen großen Teil seiner positiven Einstellung zum Leben mit verantwortlich. Er hat sich schon immer als Kämpfer wahrgenommen, doch der intensive Kontakt mit ihr hat ihn auf ein neues Level gehoben. Seit sie bei ihm ist, hat er das Gefühl, nichts ist mehr unmöglich. Unter ihrer Flagge lebt und fühlt er sich nicht als gehandicapt.

Regina hat ihn, wie er immer gerne sagt, komplett durchgecoacht und ihm die Freude am Leben, auch in schwierigen Stunden zu erkennen, beigebracht. Auch seine Ernährung hat sie peu à peu umgestellt, er lebt seither deutlich gesünder, er braucht wesentlich weniger Tabletten. Das Credo von Regina, dass alle Menschen gleich sind, dass Freude und Zufriedenheit in jedem Körper möglich sind, hat er inzwischen verinnerlicht.

Auch Regina selbst hat dunkle Tage hinter sich. Sie war gerade mal 23 Jahre alt, als sie relativ harmlose Schmerzen in der rechten Gesichtshälfte wahrnahm. Sie vermutete Zahnschmerzen, vielleicht ein Weisheitszahn. Doch ihr Zahnarzt konnte nichts entdecken, während die Schmerzen rasch stärker wurden, auch auf den rechten Arm ausstrahlten, sodass sie nicht einmal mehr in der Lage war, ihre Haare selbst zu föhnen. Tabletten schafften anfangs Linderung, die nötige Dosierung steigerte sich aber konstant. Bis sie es sogar nur mit Hilfe von bis zu täglich zwölf Tabletten schaffte, sich halbwegs schmerzfrei zu halten. Die Nebenwirkungen waren eklatant. Erst mehrere schmerzhafte so genannte Liquorpunktionen, bei denen Nervenwasser aus dem Rückenmark entnommen wird, führten zur für sie schwammigen und vor allem unbefriedigenden Diagnose „Nervenkrankheit". Was genau und wie diese zu behandeln sei, konnte niemand auch nur ansatzweise sagen.

Eine Odyssee von Krankenhaus zu Krankenhaus begann, die mit einer Tablettenvergiftung durch die verordneten Überdosierungen, endete sie schließlich auf der Intensivstation. Um wenigstens den am schlimmsten betroffenen Gesichtsnerv nach einer endlich treffsicher diagnostizierten Trigeminusneuralgie infolge einer Funktionsstörung des 5. Hirnnervs auszuschalten, empfahlen die Ärzte dringend eine Operation, nachdem die gesamten hochdosierten Medikamente keine Wirkung mehr zeigten. Der Plan: Schädeldecke öffnen, dann am Kleinhirn vorbei den Nerv freilegen ... Diesem Plan wollte sie auf keinen Fall folgen. Sie sah sich schon als Pflegefall, letzter Ausweg: Das Leben in die eigene Hand nehmen.

Entgegen aller Empfehlungen setzte sie die Tabletten ab, ertrug zunächst die höllischen Schmerzen und forschte in allen für sie erreichbaren Publikationen zum Thema. Sie bildete sich weiter, tauchte immer weiter in die Fachgebiete Gesundheit, Ernährung, Psychologie und Persönlichkeitsentwicklung ein. Sie wollte sich und sie konnte sich letztendlich selbst retten. Heute ist sie zu 95 % schmerzfrei, ohne OP, ohne offene Schädeldecke und auch ohne irgendwelche Medikamente. Aber erst, nachdem sie alles in ihrem Leben hinterfragt und auf den Kopf gestellt und ihre eigenen Ressourcen aktiviert hatte. Heute weiß sie, dass jede Herausforderung auch eine Chance bedeutet. Das, was ihre Arbeit mit Matthias Kaah für ihn so wertvoll macht. Nach diesen schweren Jahren zurück im Leben arbeitete sie zunächst weiter in der Unfallchirurgie, sah aber, dass, obwohl sie die Schulmedizin sehr schätzte, dies jetzt nicht mehr ihr Ding war. Sie wechselte ins Qualitätsmanagement und landete schlussendlich in der Betriebsdirektion des Krankenhauses. Doch auch da war sie emotional schon weiter, sie spürte, dass ein Krankenhaus nicht mehr ihr Platz im Leben war. Niemand verstand damals, dass sie einen sicheren Job im öffentlichen Dienst einfach so aufgab, um - erstmal, wie sie dachte - Vollzeit in die so belastende 24-Stunden-Betreuung zu wechseln.

WIE SICH GEDANKEN UND EMOTIONEN PLÖTZLICH VERSCHIEBEN

Eine dieser Schichten absolvierte sie gerade, als sie vom Tod Marvins erfuhr. Mit Bangen erwartete sie Matthias' Aufwachen. Zwar klingelt bei Matthias, wie an jedem Arbeitstag vieler Werktätiger, der Wecker, doch er dreht sich weder noch einmal wie viele, noch hüpft er, wie manch hyperaktive Zeitgenossen, aus dem Bett. Zwar ist er meist voller Tatendrang, doch für ihn ist erst einmal eine Stunde seiner Geduld gefragt. Und die Energie seines Pflegepersonals. Die ganze Nacht hängt er in seinem Bett an einer kleinen Intensivstation, die ihm das Überleben sichert. Ernährungspumpe, Beatmungsgerät, Pulsoximeter. Das wird zuerst abgebaut. Die Körperpflege findet im Bett statt, die Verbände der Ernährungspumpe und seinem Blasenkatheter werden erneuert. Selbst das Anlegen der Thrombosestrümpfe ist noch komplizierter als gewöhnlich, denn ohne Muskeltonus ist das Anziehen nicht immer ohne Komplikationen, es zwickt und zwackt, bevor alles faltenfrei am richtigen Platz sitzt. Es folgen Stützkorsett, Stützschuhe und dann erst die Oberbekleidung, damit Kaah auch die nächsten 16 Stunden in seinem Rollstuhl, in den er per Lifter platziert wird, ohne möglichst große Komplikationen stressfrei sitzen kann. Alles muss hundertprozentig im Lot sein, der Kopf fixiert werden, damit nicht jede kleine Erschütterung seinen Schädel zu Fall bringt. Millimeterarbeit ist gefragt, um seine einzigen beiden Glieder, die er autark bewegen kann, zwei Finger der linken Hand, richtig am Rolli angebaut sind. Nur dann kann er seinen elektrischen Rollstuhl durch Mikrobewegungen selbst steuern.

Da ihm die wärmende Muskelmasse fehlt, friert er schnell und wird, je nach Temperatur, in Wärmekissen und einen Ledersack am Rollstuhl gehüllt.

Selbst das Zähneputzen funktioniert nicht, wie man es kennt, weil er seinen Kiefer nicht mehr so weit öffnen kann. Die Borsten der Zahnbürste sind so weit gekürzt, dass die Pflegekraft damit relativ problemlos an die bekannten Problemzonen gelangen kann. Nur durch 2x wöchentliche Kiefertherapie kann er sich diese Beweglichkeit erhalten.

Ist das alles erledigt, kann Matthias Kaah seine Ungeduld nicht mehr verbergen. Er scharrt dann schon – im übertragenen Sinn, mit den Hufen, er will raus an die frische Luft: „Lass' uns rausgehen. Rick ist schon ganz ungeduldig." Rick ist Kaahs aktueller Hundefreund, seit Sissi findet er sein Leben ohne Hund, frei nach Loriot, zwar möglich, aber sinnlos.

Regina machte sich selbst kurz frisch. Ihre bedrückte Stimmung konnte sie da schon lange nicht mehr verbergen. Sie liefen los. Länger als sonst schweigend und jeder in seine Gedanken versunken.

„Was ist mit Dir? Hab' ich was falsch gemacht oder willst Du einfach Deine morgendliche Ruhe?" Matthias war besorgt um seine Assistentin.

„Nein, es ist soweit alles gut. Lass' uns Gassi gehen." Rick war schon lange fit und sprang unbeschwert um Matthias Gefährt herum.

„Du kannst mir nichts vormachen. Irgendwas ist doch mit Dir", bohrte Matthias nach.

„Ich weiß wirklich nicht, wie ich es Dir sagen soll." Matthias erschrak. Nichts hätte ihn mehr getroffen, als wenn Regina im eröffnen würde, dass sie kündigen wolle. Er hielt den Atem an.

„Komm', raus mit der Sprache. Ich bin hart im Nehmen. Bringen wir es hinter uns."

Regina schwieg lange.

„Marvin ist tot."

Mattias stoppte seinen Rollstuhl. Alles hatte er erwartet. Burnout, Auszeit, Auswanderung, Hochzeit und Abschied, Kündigung. Das nicht. Seine Welt stand still.

„Sag', dass das nicht wahr ist."

„Doch, leider. Es gibt eigentlich keinen Zweifel. Ich hab's heute Nacht in der Zeitung gelesen."

„Bist du ganz sicher?" Tränen rannen über sein Gesicht. Auch Regina konnte ihre Tränen jetzt nicht mehr zurückhalten. Sie umarmte Matthias und minutenlang war nur Schluchzen. Rick stand verständnislos und irritiert daneben.

„Die Polizei sagt, es war Selbstmord. Alles deutet darauf hin."

„Marvin und Selbstmord? Niemals!" Matthias schrie seinen Schmerz heraus. „Das ist nicht Marvin. Das kann nicht sein."

„Es steht natürlich kein Name dabei."

„Wir fahren sofort zurück. Wir müssen das klären ... Ich muss das wissen." Matthias drehte seinen Rollstuhl, so schnell es ging. Regina hatte große Sorge um seinen Puls, der laut Anzeige in für ihn gefährliche Höhen schnellte. Doch dafür hatte Kaah jetzt keinen Kopf, er wollte so schnell wie möglich mit der Familie telefonieren.

Die Eile hätte er sich sparen können, denn schon allein an der Art, wie sich Marvins Vater am Telefon meldete, nahm Matthias jegliche Hoffnung auf eine eventuelle Fehleinschätzung.

„Um Gottes Willen", stammelte Kaah in den Hörer, „ich weiß nicht, was ich sagen soll. Es tut mir unheimlich leid. Ich kann Ihnen nur mein tiefstes Beileid ausdrücken."

„Ich gebe Ihnen seine Mutter", mehr konnte und wollte der Mann nicht sagen.

„Es tut mir unendlich leid ... uns allen hier. Wir sind vollkommen geschockt." Matthias wiederholte seine Beileidswünsche, die ihm im Moment allerdings sehr armselig vorkamen. „Wissen Sie schon, wie das passiert ist?"

„Wir wissen nur, dass er sich am Riegelberg in den Steinbruch gestürzt haben soll", schluchzte die Frau.

„Ich kann einfach nicht glauben, dass er sich das angetan hat."

„Die Polizei hat uns das so bestätigt", flüsterte die Stimme am anderen Ende der Leitung.

„Die Polizei, die Polizei!" blaffte Kaah ins Telefon, entschuldigte sich aber sofort für seinen Ausbruch. „Es tut mir leid, aber ich kann das einfach nicht glauben. Sie etwa?"

„Nein, wir auch nicht. Er war doch so ein fröhlicher Junge. Und er hatte doch keinerlei Sorgen und noch so viele Pläne." Ihre Stimme erstickte in Tränen.

„Hat er denn einen Abschiedsbrief hinterlassen?"

„Nein. Gar nichts. Im Gegenteil. Sein Zimmer ist so wie immer, als wäre er gerade erst gegangen."

Als Matthias aufgelegt hatte, flossen ihm die Tränen übers ganze Gesicht. Regina konnte ihm den Strom nur mit Mühe aus dem Gesicht wischen, dabei war sie ja selbst in Tränen aufgelöst.

„Ich kann heute nicht ins Büro. Ich sage alle Termine für diese Woche ab. Ich kann und will niemanden sehen." Er war in seinem Rollstuhl zusammengesunken. Völlig apathisch starrte er stundenlang vor sich hin und redete kein Wort mehr.

Dabei ist Kaahs Beruf und der tägliche Gang ins Büro sonst sein Dreh- und Angelpunkt im Leben. Der Ort, wo er sich frei und hoch geachtet fühlt und sein Wissen an die Gesellschaft weitergeben kann. Er arbeitet im Support der Firma Humanelektronik, ein Unternehmen, das sich zur Aufgabe gemacht hat, Barrieren zu verschieben. Man entwickelt dort elektronische Lösungen für Menschen mit Handicap. Menschen wie Matthias. Wo sonst könnte er sein Wissen wertvoller einsetzen als in einem solchen Betrieb. Techniker, Elektronik- und IT-Spezialisten kämpfen um Lösungen, um Barrieren zu beseitigen, um zum Beispiel die Kommunikation oder die Mobilität zu erhalten. Es ist Kaahs berufliches Lebensglück, mit seiner Arbeit Menschen mit Handicap weiterzuhelfen. Menschen, denen es zum Teil deutlich schlechter geht als ihm. Was ihn mit tiefer Dankbarkeit erfüllt und ihn Tag für Tag aufblühen lässt.

Doch jetzt und auch die folgenden Tage war an ein Aufblühen nicht zu denken. Matthias Kaah versank in diese tiefe Depression, die Regina so gefürchtet hatte. Bis zum Tag vor Marvins Beerdigung war mit ihm nichts anzufangen. Ganz im Gegensatz zu seiner sonstigen Art war er mürrisch, wollte nichts hören, nichts sehen, hatte an allem etwas auszusetzen und war absolut antriebslos. Seine Lethargie wurde nur unterbrochen vom patzigen Umgang mit ausnahmslos allen Menschen in seinem Umfeld. Auch der arme Rick bekam seine wütende Trauer zu spüren.

An dem Morgen, an dem die Beerdigung stattfinden sollte, hatte Regina auf seinen ausdrücklichen Wunsch hin Dienst. Mit dem Aufwachen war er wie ausgewechselt. Er entschuldigte sich bei seiner besten Freundin in aller Form und versprach, sich nie wieder so herunterziehen zu lassen.

„Lass' stecken. Wir sind alle traurig und wissen nicht, wie wir damit umgehen sollen."

„Das ist kein Grund, mich so gehen zu lassen. Bitte verzeiht mir."

„Wir haben uns große Sorgen um Dich gemacht. Das ist alles." Regina wollte nicht weiter darüber sprechen, obwohl sie die vergangenen Tage schon etwas gekränkt hatten.

„Habt Ihr unser Gesteck für das Grab bestellt?"

„Es ist alles geregelt für die Beerdigung. Du bekommst einen besonderen Platz in der Kirche und am Grab."

„Ich möchte noch kurz mit den Eltern sprechen. Ich habe eine Bitte und die will ich mit den Eltern abklären."

„Meinst Du, die haben im Augenblick einen Kopf für sowas?"

„Ich will nur kurz fragen, ob sie einverstanden sind."

„Womit denn?"

„Ich will in der Kirche kurz was sagen und einen Song für Marvin spielen lassen."

Regina wusste nur allzu gut, dass er sich von seinem Vorhaben nicht würde abbringen lassen. Sie klärte das mit Marvins Eltern, die sich eher gerührt als überrumpelt fühlten und rief anschließend den Bestatter an, dass in der Kirche ein Bluetooth-fähiger Lautsprecher installiert sein würde, der Kaahs Musikwunsch übertragen könne.

I'LL TAKE CARE OF YOU

Das ganze Dorf schien auf den Beinen, als Regina mit Matthias im Fond vor der Kirche vorfuhr. Mit Neugier beäugten viele den „Behinderten" in seinem riesigen Rollstuhl. „Das ist doch der, bei dem Marvin zuletzt gearbeitet hat", wurde getuschelt, als Kaah in die Kirche rollte. Ganz vorne, neben den Eltern und den nächsten Verwandten, war ein Platz für ihn reserviert worden. Vor dem Altar ein schlichter, unlackierter Sarg auf einem schwarz verkleideten Transportwagen. Daneben ein großes Porträt von Marvin, ein lachendes Gesicht mit strahlenden Augen, in einem knallbunten Bilderrahmen. Nur das schwarze Band, das über die obere Ecke gezogen war, erinnerte an den traurigen Anlass. Matthias hatte gehofft, dass er sich ausreichend mental vorbereitet hätte auf das, was jetzt kommen sollte. Doch er spürte sofort, dass er dem Schmerz nicht lange standhalten können wird. Zwischen den leisen Orgeltönen, die das Kommen der Trauergäste begleiteten, trat der junge Kaplan, der die Messe wohl halten würde, vor das Mikrofon: „Marvins Eltern haben einen Wunsch an mich herangetragen, den ich nur zu gerne erfüllen möchte. Neben dem Sarg liegen, wie Sie sehen werden, wenn Sie näher kommen, etliche bunte Filzstifte. Jeder und jede, die einen letzten Gruß an Marvin richten oder ihm etwas auf seine letzte Reise mitgeben will, darf jetzt nach vorne kommen, und das, egal in welcher Farbe, auf den Sarg schreiben. Wir werden mit dem Gottesdienst erst beginnen, wenn alle, die das gerne tun würden, wieder Platz genommen haben."

Der Geistliche selbst nahm den ersten Stift und zeichnete ein Kreuz auf das helle Holz. Man wartete, bis die Eltern aufstehen würden. Doch in der ersten Kirchenbank rührte sich zunächst nichts. Absolute Stille im Gotteshaus.

„Komm', geh' Du vor, schreib' Du, bevor es peinlich wird", flüsterte Matthias Regina zu.

„Oh Gott, ich weiß doch gar nicht, was ich schreiben soll."

„Ich weiß auch nichts auf die Schnelle", flüsterte Matthias, dem im Moment auch nichts einfiel. „Schreib bitte, irgendwas, vielleicht... Die Welt ist ärmer ohne Dich."

Kaah war zwar alles andere als zufrieden mit diesem Spruch, aber allein die Tatsache, dass Regina aufstand, neben den Sarg trat und etwas draufschrieb, löste die Starre unter den Trauergästen. Allmählich bildete sich eine kleine Schlange hinter Regina und immer mehr Menschen trauten sich, nach vorne zu kommen und den Sarg Gruß für Gruß bunter erscheinen zu lassen.

Weit über eine halbe Stunde dauerte die Prozession und erst als Marvins Eltern aufstanden und unter Tränen eine letzte Botschaft hinterließen, begann der Gottesdienst. Obwohl eigentlich keine Reden vorgesehen waren, ließ es sich der Rektor von Marvins Schule nicht nehmen, seinen ehemaligen Schützling zu würdigen. Und im Anschluss sang seine ehemalige Schulband, begleitet von einem elektrischen Klavier „So wie du warst" von Unheilig. Nicht nur um Kaah war es bei diesem Song geschehen, viele in der Kirche weinten mehr oder weniger hemmungslos. Das kollektive Schluchzen war auch nach dem Verklingen der letzten Töne zu hören.

Regina kümmerte sich um Matthias' Tränen, um ihn für seine kurze Rede am Schluss der Trauerfeier zu präparieren. Matthias erinnerte sich an die, für einen so jungen Menschen unglaublich erwachsenen, Gespräche mit Marvin, auch über die Musik. Und Unheilig war beiden ans Herz gewachsen, da stimmten sie vollkommen überein. Matthias Lebensmotto kam nicht von ungefähr auch von einem Song dieser Band – Geboren um zu leben.

Doch warum hatte Marvin nicht dieses Lied gewählt? Dann wäre er niemals auf die Idee gekommen, sich in den Steinbruch zu stürzen. Nein! Kaah konnte und wollte es immer noch nicht glauben. Das war nicht Marvin. Das konnte nicht sein.

Als er an die Reihe kam, fuhr Matthias vor den jetzt schön bunten und fast fröhlich wirkenden Sarg und begann mit seiner Rede. Er erzählte von den schönen Stunden, die er mit Marvin verbracht hatte. Von der Tatsache, wie klug, erwachsen und hilfsbereit er gewesen war. Zu seiner eigenen Überraschung konnte er diesen schweren Monolog, ohne dass ihm die Stimme versagte, hinter sich bringen.

Erst als er zu den Gesprächen über die Musik kam, dass Unheilig ihr gemeinsamer Favorit gewesen war und dass sie auch bei anderen Künstlern oft einer Meinung waren, begann seine Stimme zu zittern.

„Ich möchte Marvin einen Song mit in den Himmel geben, den wir zusammen zwar nur einmal gehört haben. Aber ich weiß, dass er auch ihn – so wie mich – sehr berührt hat. Und ich weiß, dass Marvin dort oben genau das tun wird, was in dem Lied gesagt wird. Er wird auf mich aufpassen und er wird auf Sie aufpassen ..."

Seine Stimme versagte jetzt vollkommen: „Leb' wohl, Marvin." Das geplante „Wir werden Dich nie vergessen", brachte er nicht mehr über die Lippen.

Zu Beth Harts „I'll Take Care of You" wurde dann der Sarg aus der Kirche gefahren. Die trauernde Gemeinde blieb bis zum letzten Ton, viele sichtlich ergriffen, sitzen. Die faszinierende Stimme der Künstlerin hallte noch lange nach.

> I know you've been hurt
> By someone else
> I can tell by the way
> You carry yourself
> But if you'll let me
> Here's what I'll do
> I'll take care of you
> I, I loved and lost
> The same as you
> So you see I know
> Just what you've been through
> And if you'll let me
> Here's what I'll do
> I just have got to take care of you
> You won't ever have to worry
> You don't ever have to cry
> I'll be there beside you

To dry your weeping eyes
So darlin' tell me
That you'll be true
'Cause there's no doubt in my mind
I know what I want to do
And just as sure
One and one is two
I just got, I got to take care of you
I just got to take care of you
Take care of you

„Hast Du eigentlich jemanden von Marvins Ausbildungs-betrieb in der Kirche gesehen?", fragte Matthias, als sie schon auf dem Rückweg von der Trauerfeier waren.
„Ja, es waren schon welche da. Ich glaube, drei bis vier Leute. Sein Chef, dieser unsympathische Osteuropäer, war sogar mit seiner aufgetakelten Frau, die mit den auf-gespritzten Ballonlippen, da." Regina war sonst nicht für besonders ausgeprägte Vorurteile bekannt, aber solch seltsame Erscheinungen waren ihr zuwider.
„Ich kann ihn auch nicht einschätzen, sonderlich freund-lich und aufgeschlossen erscheint er mir aber auch nicht. Doch clever ist er, das muss man ihm lassen. Und erfolg-reich auch."

Binnen weniger Jahre hatte Dimitri Wolkov einen deutsch-land- oder sogar europaweit agierenden Pflegekonzern aufgebaut, der mit etlichen Filialen auch im Donau-Ries und Umgebung tätig war. Dort hatte Marvin seine Aus-bildung, ein duales Studium, begonnen. Und über diese

Firma, die auch Matthias Kaah betreute, war er zu ihm für ein Praxisjahr vermittelt worden.

Kaah hatte insgeheim gehofft, dass er seine persönliche Pflege, sollte Marvin seine Ausbildung erfolgreich abgeschlossen haben, zusammen mit Regina, in eigener Regie, als eigenständiges Pflegeteam, etablieren zu können. Dieser Traum war jetzt in weite Ferne gerückt.

Lange konnte Kaah an diesem Abend nicht einschlafen. Er erinnerte sich daran, wie er Regina, der Marvin in seinem Wesen so ähnlich war, kennengelernt hatte. Lange schon unterrichtete Kaah an verschiedenen Berufsfachschulen für Alten- und Krankenpflege, da er darin schon immer die Intention sah, den Schülerinnen und Schülern zu zeigen, dass man trotz Handicap ein glückliches und zufriedenes Leben führen kann. Sein Augenmerk richtete er darauf, zu vermitteln, dass dieser Beruf eine gesellschaftliche Notwendigkeit darstellt und dass die Absolventen mit ihrem Tun und Handeln einen unglaublich wertvollen Dienst für die Menschen leisten. Und er predigte, auch im eigenen Interesse, immer wieder, dass, wenn der eine oder andere in der stationären Pflege nicht glücklich wird, es zahlreiche Möglichkeiten gibt, die Berufung zu leben: in der ambulanten Pflege.

Als er 2010 in der Berufsfachschule für Gesundheits- und Krankenpflege in der Examensklasse von seinem Leben erzählen durfte, saß in der hintersten Reihe eine junge Frau, die sehr still war, doch einen aufmerksamen Eindruck machte.

Niemals hätte er damals gedacht, dass diese Frau einmal sein Leben verändern würde. Wie in all den Jahren zuvor hatte er auch besondere elektronische Hilfsmittel vorgestellt, die Menschen mit Behinderung besonders nützlich waren.

Zu Hause angekommen hatte er eine Mail einer gewissen Regina auf dem Rechner, mit deren Namen er damals nichts anfangen konnte. Ein ellenlanger Text begann mit den Worten: „Hi. Ich bin Regina. Sie waren heute bei uns in der Schule…" Er las den Text nicht nur einmal oder zweimal, so berührend war die Nachricht. Für die Schreiberin schien vor allem Inklusion eine große Rolle zu spielen.

Es bedurfte nur ein paar hin- und hergeschickter Nachrichten, bis man sich persönlich traf. Im Garten seiner Eltern und diesem ersten Treffen folgten etliche weitere und schon da entwickelte sich eine große Zuneigung, von beiden Seiten. Regina gab zu, wohl ein kleines Helfersyndrom zu haben. Sie mochte es einfach, anderen Menschen zu helfen und deren Leben aufzuwerten. Aus den eigenen Erfahrungen heraus sah sie Gesundheit als Privileg und wollte umso mehr von ihrer eigenen wiedergewonnenen Energie abgeben, damit es auch anderen Menschen in ihrem Umfeld gut geht.

Sie gingen zusammen spazieren, kochten zusammen und lernten dann sogar zusammen auf ihre Examensprüfung hin. Sie fanden heraus, wie viele gemeinsame Interessen sie doch hatten und so viele Themen, über die sie sich stundenlang austauschen konnten. Matthias nannte diese Treffen mit ihr schnell „seine persönliche Auszeit" von der Pflege.

Von da an war es nicht mehr weit für eine Einstellung als examinierte Minijob-Kraft, die Regina sehr gerne verübte.

Nach einem Jahr musste sie ihr Engagement bei Kaah aus gesundheitlichen Gründen wieder aufgeben.

Wieder fiel er in ein tiefes Loch, er bezeichnete diese Zeit ohne Regina als eine der schlimmsten in seinem Leben. Doch nach für Matthias quälenden Monaten überwand Regina ihre gesundheitliche Karussellfahrt, wie sie es nannte, und konnte ihren Minijob bei ihm fortsetzen.

WIE EMOTIONEN UNSERE INTUITION BEEINFLUSSEN

Aber nicht nur diese Erinnerungen quälten Kaah in dieser Nacht. Er konnte und wollte immer noch nicht glauben, dass Marvin Suizid begangen haben könnte. Gleich am nächsten Morgen wollte er mit dessen Eltern noch einmal darüber reden.

„Hat die Polizei wirklich alle Umstände geklärt, um einen Unfall oder ein Missgeschick als Absturzgrund wirklich auszuschließen", fragte er Marvins Mutter.

„Sie haben uns gesagt, dass es an einem Selbstmord keine Zweifel geben würde."

„Aber nochmal, Marvin hätte doch sicher einen Abschiedsbrief hinterlassen. Er würde doch nicht einfach so, ohne Erklärung für Sie, aus dem Leben scheiden wollen."

„Das haben wir uns seitdem ständig gefragt", die Mutter weinte jetzt wieder, „wir können es uns nicht erklären. Wir haben ihn doch alle so geliebt. Er war so ein guter Junge. Und hatte noch so viel vor."

„Wissen Sie, ob es eine Obduktion gab?"

„Nein, die Polizei hat gesagt, bei so klarer Beweislage würde man die Kosten einer solchen Obduktion niemals genehmigt bekommen."

„Hätten Sie etwas dagegen, wenn ich mich bei der Polizei in Nördlingen nochmals erkundige über den Fall?"

Die Mutter klang verwundert. „Warum? Was wollen Sie denn damit bezwecken?"

„Ich kann und ich werde niemals glauben, dass Marvin sich umgebracht hat."

„Wir auch nicht. Aber die Fakten scheinen doch klar zu sein. Die Polizei hat den Fall abgeschlossen."

„Ich kenne den Nördlinger Polizeichef sehr gut. Wenn Sie einverstanden sind, würde ich gern nochmal mit ihm reden."

„Wollen Sie Marvin nicht in Frieden ruhen lassen? Ich weiß nicht, ob das eine gute Idee ist."

„Bitte. Ich will mich ja nur vergewissern, ob auch alles getan worden ist."

„Wenn Sie meinen? Meinetwegen. Aber lassen Sie die Familie aus dem Spiel." Marvins Mutter war unschlüssig. „Aber bitte, machen Sie das erst, nachdem wir Marvins Urne beigesetzt haben. Wir wollen uns wenigsten in Ruhe von ihm endgültig verabschieden."

„Dürfen wir auch bei dieser Zeremonie dabei sein?"

„Marvin würde sich sicher freuen", sagte die Mutter, „er hat Sie immer als Maßstab für sein eigenes Leben gesehen."

„Das ehrt mich", sagte Matthias, „und sehen Sie, gerade deshalb ist es mir ein wichtiges Bedürfnis, alles über Marvins Tod zu erfahren."

Es war nicht ohne Komplikationen für Kaah, bei der Urnenbeisetzung von Marvin dabei zu sein. Auf Wunsch der Eltern sollte er im Bestattungswald in der Nähe von Harburg seine letzte Ruhestätte finden. Unter einem Baum, den die Eltern zwar schon vor Jahren für die Familie gekauft hatten. Allerdings mit der Intention, dass ihre Kinder sie dereinst dort besuchen könnten, wenn es dann für sie

48

so weit gewesen wäre. Dass ihr Sohn jetzt als erster die Ruhestätte benötigen würde, daran hatten sie freilich nicht gedacht.

Leider war das Wetter dem Anlass entsprechend, als Marvins allerletzte Trauerfeier anstand. Außer dem Kaplan, der schon seine Aussegnung begleitet hatte, waren nur die Familie und einige enge Verwandte zugegen, als auf dem mit einem großen Kreuz und einigen rohen Holzbänken ausgestatteten Andachtsplatz mitten im Wald Marvins letzter Weg beschritten wurde. Regina konnte Kaah dieses Mal nicht begleiten, aber sein Team war so flexibel, dass gleich zwei Assistentinnen Matthias begleiteten. Das war auch nötig, denn durch den Regen, der schon den ganzen Tag vom Himmel fiel, waren die Wege durch den Wald für seinen schweren Rollstuhl nicht gerade ideal, aber Anja und Lidia transportierten ihn mit vereinten Kräften sowohl zum Andachtsplatz als auch zu dem Baum, unter dem seine letzte Ruhestätte sein sollte.

Marvins Familie wirkte sehr gefasst, als Kaah eintraf und seine Mutter kam gleich auf ihn zu: „Dürfen wir das ergreifende Lied noch einmal hören, das Sie für Marvin bei der Aussegnung gespielt haben?", fragte sie leise, „wir haben extra Marvins Partybox mit hierher gebracht."
Kaah fühlte sich sehr bewegt von der Bitte und ließ Anja sofort testen, ob sein Smartphone mit den Endgeräten kompatibel war.
„Wir haben uns das Lied seither viele Male angehört und mein Mann wird vor dem Abspielen die deutsche Über-

setzung vorlesen. Damit auch alle verstehen, was Sie uns damit sagen wollen."

Die Frau kam auf Matthias zu und umarmte ihn, so gut es eben ging. „Vielen Dank für alles, was Sie für meinen Sohn getan haben", flüsterte sie.

Als dann die Urne in die dafür vorgesehene Öffnung gesenkt wurde, zitierte Marvins Vater in Auszügen auf Deutsch das, was Beth Hart danach, direkt an Marvins Grab noch einmal versprach: I'll Take Care of You.

Ich sag' Dir was ich jetzt machen werde.
Ich werde auf Dich aufpassen.
Genau wie Du habe ich geliebt und verloren,
Du siehst, ich weiß was Du durchgemacht hast
und wenn Du mich lässt, sag' ich Dir was ich tun werde.
Ich werde mich um Dich kümmern,
Du wirst Dich um nichts mehr sorgen müssen,
Du wirst wegen nichts mehr weinen müssen,
ich werde an Deiner Seite sein,
um Deine Tränen zu trocknen.
Ich werde über Dich wachen,
ich werde über Dich wachen,
über Dich wachen.

Lange nach der Beisetzung blieb Matthias Kaah noch auf der Anhöhe über dem Harburger Schloss. Es hatte aufgehört zu regnen und die Sonne schien jetzt über das weite Tal mit dem eindrucksvollen Schloss im Vordergrund. Matthias wärmte sich an der Aussicht, auch Rick war jetzt bei ihm, sie hatten ihn während der Beisetzung im Auto lassen müssen. Doch jetzt sprang er fröhlich und lebens-froh auf der großen Wiese vor den Bäumen herum, als ob nichts gewesen wäre. Matthias Begleiterinnen erholten sich von den Strapazen, die sie mit dem Schieben des schweren Rollstuhls geduldig hingenommen hatten. Es war alles so friedlich.

JEGLICHER WERT IST UNSERE INNERE ENTSCHEIDUNG

Kaah kannte den Nördlinger Polizeichef seit Jahren. Des Öfteren hatten sie schon miteinander zu tun gehabt. Vor allem bei der von Matthias Kaah organisierten DGM-Muskeltour waren sie sich näher gekommen und hatten einander schätzen gelernt. Die Muskeltour war eine alljährlich in Nördlingen stattfindende Motorradsternfahrt des Fördervereins zugunsten der Deutschen Gesellschaft für Muskelkranke. Kaah war 2006 Gründungsmitglied und Vorstandsvorsitzender der Muskeltour. In den Jahren seines Bestehens konnte der Verein den beachtlichen Gesamtbetrag von insgesamt 120.000 € mit der Durchführung der Muskeltour und dem Einwerben von Spenden erwirtschaften und an die Gesellschaft spenden, um dadurch unter anderem die Forschungsförderung zu unterstützen.

Allein in Deutschland leiden mindestens 100.000 Menschen an neuromuskulären Erkrankungen, im Volksmund als Muskelschwund bezeichnet. Derzeit sind rund 800 verschiedene Formen dieser Krankheit bekannt. Die Medizin ist noch weit davon entfernt, Muskelkrankheiten zu heilen. Doch es gibt mittlerweile viele gute Therapieansätze, wie z. B. die häusliche Beatmung, die es möglich machen, ein Leben mit Muskelkrankheiten zu verbessern. Der Polizeichef hatte mit seiner Motorradstaffel die Konvois immer begleitet. Mehr noch, er fuhr oft auch an der Spitze, wie bei einer Politiker-Eskorte, um die Wichtigkeit der Veranstaltung zu unterstützen. Er hat damit einen großen Beitrag für das Gelingen der Veranstaltungen beigetragen. Dafür war ihm Kaah nach wie vor unglaublich dankbar.

„Waren Sie auch mit den Untersuchungen zum Tod von Marvin befasst", fiel Kaah gleich mit der Tür ins Haus, als er den viel beschäftigen Beamten endlich an der Strippe hatte.

„Ja selbstverständlich. Wir waren mit fast allen Beamten vor Ort, gleich nachdem wir von dem Unglück erfahren hatten."

„Und? Sind Sie auch der Meinung, dass es nur ein Selbstmord gewesen sein könnte?"

„Was wollen Sie damit andeuten", fragte der Beamte vorsichtig, als er die unmissverständlichen Zweifel in der Frage wahrnahm. „Haben Sie etwa anderslautende Vermutungen?"

„Allerdings. Ich kann mir nicht vorstellen, dass es ein Suizid gewesen ist."

„Warum? Kannten Sie den jungen Mann?"

„Ja. Deswegen rufe ich ja an. Er war bei mir als Praktikant angestellt. Und ich habe ihn ganz anders als in irgendeiner Form von suizidgefährdet erlebt."

„Wir haben natürlich zunächst auch in alle Richtungen ermittelt. Aber alles andere als ein Selbstmord war bei der Spurenlage eigentlich nicht denkbar. Das haben uns auch die Kriminalbeamten bestätigt, die ja auch gleich danach mit ermittelt haben."

„Aber ich habe gehört, dass dort oben alles niederge-trampelt war. Von Spurenlage kann ja keine Rede ge-wesen sein."

„Hören Sie, mein lieber Herr Kaah. Sie können uns gerne glauben, dass wir uns Gedanken in jede Richtung ge-macht haben. Wir sind ja keine Anfänger. Und das ist nicht der erste Unfall, meinetwegen, oder Suizid, den wir untersucht haben." Der Polizist wirkte so, als fühlte er sich angegriffen.

„Das wollte ich damit auch gar nicht andeuten", versuch-te Kaah zu beschwichtigen, „ich mache mir halt nur so meine Gedanken."

„Das verstehe ich und ein so tragischer Tod geht uns alle an die Nieren. Das können Sie mir glauben. Aber noch-mal, es gibt - auch aus meiner Sicht - keinerlei Anhalts-punkte, an der Einschätzung der Kriminalpolizei zu zwei-feln."

„Sind Sie sich da ganz sicher?"

„Glauben Sie mir. Ich bin sicher. Wir waren uns alle sicher. Sonst hätten wir den Fall niemals so schnell abgeschlossen."

„Das heißt, es gibt keine Möglichkeit, da noch einmal nachzuhaken."

„Wo wollen Sie denn da ansetzen?" Der Beamte war jetzt hörbar eingeschnappt. „Wir haben unser Möglichstes ge-tan. Es war Selbstmord. Da gibt es keine zwei Meinungen unter uns als Experten."

„Und warum wurde keine Obduktion veranlasst?"

„Hören Sie mal. Auf welcher Grundlage denn? Das Er-gebnis war eindeutig. Und damit auch keine Obduktion nötig."

Matthias Kaah war enttäuscht. Er hatte gehofft, den Beamten mit seinem Zweifel aus der Reserve locken zu können. Doch auf diesem Weg konnte er wohl nichts ausrichten, das war ihm jetzt klar. Für den Moment war er echt ratlos. Vielleicht sollte er es bei Marvins direktem Arbeitgeber versuchen. Dessen Meinung zum Tod des Auszubildenden einholen. Er beschloss, auch mit dem Pflegedienstleiter zu sprechen. Vielleicht hatte der etwas bemerkt am seelischen Zustand von Marvin. Aber schon, als er einen Termin vereinbaren wollte, war ihm eigentlich klar, dass Wolkov wohl keine große Hilfe sein würde. Er konnte sich nicht einmal an ihn als Kunden erinnern, sagte eine etwas unfreundliche Dame am Telefon. Wie sollte ihn dann ein kleiner Praktikant interessieren? Trotzdem wollte Matthias mit ihm sprechen. Es war wieder einmal seine Hartnäckigkeit, dass Herr Wolkov nicht anders konnte, als sich mit ihm zu treffen. Obwohl er, so sagten jedenfalls seine Mitarbeiter, dauernd und somit rund um die Uhr „unterwegs in Sachen Pflege" ist. So war auch der Slogan seiner Firma, der auf jedem seiner Kleinwagen prangte, mit denen die Mitarbeiter überall im Ries herumkurvten.

Das Firmengelände, in dem Wolkovs Dienst residierte, nannten die Nördlinger flapsig „Vereinigte Hüttenwerke", weil in dem weitläufigen Areal, das irgendwann einmal einem großen Elektronikkonzern gehört hatte und jetzt aus mehr oder weniger verschachtelten Einzelgebäuden bestand, viele verschiedenen Firmen aus ganz unterschiedlichen Branchen eine Bleibe gefunden hatten.

Empfangen wurde Kaah von Wolkovs Frau, ihres Zeichens Chief Executive Officerin im Betrieb und zuständig – so stand es in den überall griffbereit liegenden Firmen-Prospekten – für die Erstellung der Tourenpläne, Zu- und Abgänge von Pflegenden, Medikamentenbestellungen, die Abrechnung, das Bestellen und Weiterleiten von Verordnungen, Telefonate, Anfragen, Beratungen, Dienstplanerstellungen, Statistiken, Wünsche von Patienten und Mitarbeiterinnen und die Probleme mit den Krankenkassen. Sie sah sich offensichtlich als die Person, die unabdingbar für einen reibungslosen Betrieb war.

So trat sie auch auf. Sie erschien mit einem schwarzen, knielangen Bleistiftrock, der ihre langen Beine wirkungsvoll unterstrich, weißer Bluse und auf schwindelerregend hohen Hacken, die Kaah wie potenzielle Stichwaffen vorkamen. Ganz abgesehen von den akrobatischen Fähigkeiten, die man haben musste, um auf solch spitzen Absätzen unfallfrei gehen zu können. Ihr langes Haar trug sie offen, die weiß lackierten Fingernägel sahen aus, als käme sie geradewegs von der Maniküre. Das wohl mit reichlich Botox aufgefrischte Gesicht und die übergroßen roten Lippen hätten bei Regina mit Sicherheit leichte Übelkeit ausgelöst. Doch heute begleitete ihn Lidia, die sich nichts anmerken ließ.

Ganz im Gegensatz zu ihrem Erscheinen gab sich die Frau freundlich und zuvorkommend, entschuldigte ihren Mann, der irgendwo aufgehalten worden sei, sich aber schon auf dem Weg hierher befinde. Dann plauderte sie, wohl um die Zeit zu überbrücken, über Pflegeberufe im Allgemeinen und die Aufgaben ihrer Firma im Besonderen: „Wissen Sie, Pflegeberufe haben in unserer Gesellschaft leider oft einen sehr niedrigen Stellenwert. Von der Bezahlung brauchen wir gar nicht erst zu reden." Sie klagte beredt darüber, dass das Ansehen, den dieser Beruf genießt, nicht gerade dazu beiträgt, Menschen zu finden, die sich hier einbringen wollen. „Eigentlich ist das ist doch eine wahre Berufung und ein wunderbarer Job, wenn man erlebt, wie man das Leben anderer Menschen aufwerten kann."

Matthias war überrascht, wie begeistert sie über den Job sprach. Regina wäre aus dem Staunen nicht mehr herausgekommen, hätte sie gehört, welche Lobeshymnen auf den Beruf ausgerechnet aus einem aufgespritzten Lippen-Mund kamen. Und sie legte noch einen drauf. „Der Lohn ist quasi unbezahlbar, denn Dankbarkeit kann man sich nicht mit Geld kaufen."

Ob ihre Angestellten diese Dankbarkeit wohl auch noch vom eh schon nicht allzu üppigen Lohn abgezogen bekommen? Matthias rief sich ob dieser gehässigen Gedanken gleich wieder zur Ordnung.

„Leider wissen viele Menschen diesen Beruf erst zu schätzen, wenn sie selbst Hilfe benötigen oder sie die Missstände im Gesundheitswesen im nahen Umfeld hautnah erfahren müssen." Frau Wolkov war gar nicht mehr zu bremsen. „Bis dahin fehlt oft die Wertschätzung unter dem Motto Hintern abwischen kann ja eh jeder."

Kaah traute seinen Ohren nicht. Die Frau redete sich regelrecht in einen Rausch, sprach von ihrer Ausbildung als examinierte Krankenschwester, die sie mehr als einmal an ihre Grenzen gebracht hätte. „Aber eine Krankenschwester ist dann halt oft auch ein größerer Gewinn als ein junger Arzt. Und auch die Verantwortung, die man trägt, wenn man bei uns arbeitet, ist enorm. Deshalb haben wir nur bestens ausgebildetes Fachpersonal, da machen wir keine Kompromisse."

Gerade das hatte Matthias hinter vorgehaltener Hand anders gehört, aber die Tatsache, dass die Vizechefin des Ladens so überzeugend auftrat, ließ seine Bedenken im Moment deutlich kleiner werden. Schließlich würde sie ihm nicht so dreist ins Gesicht lügen. Das konnte er sich nicht vorstellen.

„Gerade auch Marvin", sagte sie, „war für die Pflege geboren. Und wir sind alle immer noch fassungslos, dass er sich so aus dem Leben verabschiedet hat."

„Glauben Sie tatsächlich auch, dass er sich umgebracht hat?"

„Ja, wenn die Polizei das sagt, warum sollten wir zweifeln?" Ihre ohne Not etwas dick aufgetragene Unschuldsmiene machte Kaah stutzig.

Doch bevor er einhaken konnte, beendete ein fett röhrender Boxermotor vor dem Besprechungsraum das Gespräch.

Ihr „Jetzt kommt mein Mann" hätte sie sich sparen können, denn der Lärm war nicht zu überhören und das breitbeinige Einparken neben einem fast identischen Damenmodell, das auf nicht ganz so breiten Reifen nur ein klein wenig dezenter wirkte, tat ein übriges. Es stieg ein gedrungen wirkender Mann aus, den man eher aus dem türkischen Raum als aus Russland kommend verortet hätte. Seine Oberarme waren ähnlich aufgepumpt wie die

Lippen seiner Frau. Allein die Plackerei im Fitnessstudio konnte solche Muskeln nicht generieren, auch seine Brustmuskeln waren so ausladend, dass sie unter seinem Hemd kaum Platz fanden. Er hatte schwarze Haare, an den Seiten raspelkurz geschnitten und einen wie mit dem Lineal gezogenen Scheitel. Matthias konnte nicht anders, als bei diesem Haarschnitt an die Fotos von ehemaligen Nazischergen erinnert zu werden.

„Einen ausgesucht hübschen Fuhrpark haben Sie da, nicht wahr?" Matthias konnte sich eine Bemerkung nicht verkneifen.

„Wer viel arbeitet, soll sich auch ab und zu mal was gönnen!" Mit diesen Worten polterte Dimitri Wolkov ins Besprechungszimmer, das mit Sonderausstattungen nicht annähernd so üppig bestückt war, wie bestimmt die beiden Wagen der Chefs. Wolkov hatte Kaahs Bemerkung offensichtlich gehört und wollte ihm gleich den argumentativen Wind aus den Segeln nehmen.

„Entschuldigen Sie die Verspätung, aber ich bin in ständigen schwierigen Gesprächen mit Trägern und Krankenkassen, da kann man nicht mitten im Dialog abbrechen."

„Schon gut, wir haben uns ja sehr angeregt mit Ihrer Gattin unterhalten."

„Hat Sie Ihnen ausgerichtet, wie erschüttert wir alle sind?" Die Worte kamen aus Wolkovs Mund, aber seine Miene wollte der Argumentation partout nicht folgen. „Wir können uns sein Tun so gar nicht erklären." Wolkov überlegte kurz, um dann den Finger an sein Kinn zu legen und zu fragen: „Ist ihnen denn nicht aufgefallen, dass er in letzter Zeit doch etwas fahriger und unzuverlässiger geworden ist?"

„Also bei mir hat er tadellos gearbeitet, ich könnte nur das Beste über ihn sagen. Unser ganzes Team hatte ihn ins Herz geschlossen."

„Das freut uns natürlich. Wir hatten gehofft, dass Sie ihm wieder einen Schub geben."

„Wollen Sie damit sagen, dass sie ihn zu uns vermittelt haben, obwohl er irgendwelche persönlichen Probleme hatte?"

„So wollte ich das nun auch nicht sagen", wand sich Wolkov, „wir haben ja auch nichts von der Schwere gewusst, sonst hätte er niemals bei Ihnen dieses Zusatz-Praktikum machen dürfen."

„Hatte er nun erkennbare Probleme oder nicht?"

„Ich weiß auch nicht, wie ich mich ausdrücken soll", sprang Frau Wolkov ihrem Mann jetzt bei, „wir dachten, das sei nur eine vorübergehende Phase, die er, wenn er in eine andere Atmosphäre eintaucht, hinter sich lassen kann."

„Wir wollten, dass er auf andere Gedanken kommt. Und das hat ja auch wunderbar geklappt, wie Sie uns gerade selbst bestätigt haben."

„Nur mit dem winzigen Unterschied, dass er jetzt tot ist."

„Wie gesagt, das alles tut uns furchtbar leid und wir werden selbstverständlich dafür sorgen, dass wir für Sie schnellstmöglich Ersatz finden", wollte Wolkov das Gespräch wieder in sichere Bahnen lenken.

„Darum geht es mir nicht. Ich will nur wissen, was hinter dem tragischen Ereignis steckt."

„Tut uns leid. Da können wir Ihnen nicht helfen." Wolkov drehte den Spieß um. „Im Gegenteil. Sie hatten ja seit

Wochen den intensiveren Kontakt. Da hätte Ihnen ja noch mehr als uns etwas auffallen können."

Diese Kaltherzigkeit von Vertretern eines vorgeblich so engagiert pietätvoll arbeitenden Pflegeunternehmens war Matthias dann doch zu viel. Nur mühsam seine Wut unterdrückend, verließ er mit Lidia den Schauplatz. Und rollte an den beiden Porsches vorbei, die für ihn so gar nicht in das Pflegeberufs-Schema passen wollten. Vorher hatte die Frau ungerührt einen fiktiven Vortrag, der so nur von Regina hätte stammen können und allumfassend ihrem Berufsethos entsprach, so locker ins Gespräch eingeflochten, dass selbst seine engste Mitarbeiterin versucht gewesen wäre, ihr das abzunehmen.

Um anschließend ins fette Auto einzusteigen und sich unter Umständen bei einer Runde Golf mit ihrem Göttergatten vom Pflegearbeitsstress zu erholen. Fahren sie dann eigentlich mit einem oder mit zwei Autos? Diesen gehässigen Gedanken wollte sich Matthias nicht verbieten lassen. Nichts gegen Golfer, aber irgendwie wollte ihm dieser Widerspruch nicht aus dem Kopf. Und Regina hätte ihr das danach sowieso nicht mehr abgenommen.

INKLUSION GEHT UNS ALLE AN

Anruf von Marvins Mutter. Weder sein Handy noch die Hausschlüssel seien bei den persönlichen Sachen gewesen, die sie von der Polizei überreicht bekommen hatte. „Könnte es sein, dass die Sachen vielleicht noch bei Ihnen sind?"

Matthias Assistenz verneinte auf Nachfrage beim Chef, aber Kaah ließ zur Sicherheit dennoch das ganze Haus absuchen. Vergeblich.

„Könnte es sein, dass die Sachen beim Sturz irgendwo hängen geblieben sind?"

„Kann ich mir eigentlich nicht vorstellen, sowas hat man doch immer einstecken." Matthias versuchte sich gar nicht erst vor Augen zu führen, wie es sein muss, seine Sachen noch ordentlich zu verstauen, bevor man in die Tiefe springt.

„Ich weiß es ja auch nicht, die Polizei hat aber versichert, dass sie alles in der Umgebung abgesucht hätte."

„Waren Sie selbst schon einmal an der besagten Stelle?"

„Keine zehn Pferde bringen mich auch nur in die Nähe des Riegelberges."

„Verstehe. Aber leider kann ich Ihnen da am wenigsten weiterhelfen."

„Ja, das ist schon klar. Entschuldigen Sie, und entschuldigen Sie auch die Störung. Wir versuchen nur alle Eventualitäten abzuklären."

Matthias hatte feine Antennen, wenn es um irgendeine Form von Diskriminierung ging. Die zweifache Entschuldigung der Frau passte genau in das Bild, das viele Menschen im Umgang mit ihm hatten. Er nahm es den Leuten auch gar nicht übel, ein Stück weit verstand er ja, dass es nicht einfach war, in aller Regel ohne Vorwarnung einen offensichtlich gehandicapten Menschen vor sich zu haben. Wie verhalte ich mich? Noch dazu einem wie ihm gegenüber. Ignoriere ich die Tatsache einfach und tue so, als sei das alles ganz normal? Bedauere ich ihn und versuche ich ihn, so gut es geht zu bemuttern? Den meisten war insgeheim klar, dass sie es nur falsch machen können. Egal, wie sie sich verhielten. Sie waren schlichtweg im Umgang mit ihm überfordert.

Und doch kränken, beleidigen oder demütigen ihn manche Verhaltensweisen, die unbeholfene oder gedankenlose Zeitgenossen an den Tag legen. In aller Regel bekommt er, wenn er mit einer Gruppe ins Restaurant geht, keine eigene Speisekarte. Warum das so ist, wird er sich niemals erklären können. Gehen diese Servicemitarbeiter davon aus, jemand, der im Rollstuhl sitzt, kann selbstverständlich auch nicht lesen? Oder selbstständig denken, entscheiden, sich artikulieren?
Wenn allerdings passiert – und das ist kein singuläres Ereignis – dass, wenn am Schluss des Menüs „einer aufs Haus" spendiert wird, Grappa, Ouzo und dergleichen, dass alle mehr oder weniger ungefragt den Schnaps aufgetischt bekommen und er, wie gesagt ungefragt, dann einen Lutscher serviert bekommt, dann könnte er vor Wut

aus der Haut und dem Rollstuhl fahren. Das bringt sogar einen wie ihn, der nun wirklich allerhand an Unbill gewohnt ist, zur Weißglut.

Der Anruf der Mutter hatte Matthias' schon immer gehegten Wunsch, einmal den Riegelberg, den er tagtäglich vor Augen hatte, und dann natürlich auch die weit über das Donau-Ries hinaus bekannten Ofnethöhlen zu besuchen, wieder in den Fokus gerückt. Solche Ausflüge, die für andere Eingeborene lediglich eine kleine Nachmittagsbeschäftigung darstellen, sind für Matthias unerreichbare Ziele. Sein Rollstuhl wiegt knapp über 250 Kilogramm und ist zwar straßentauglich und mit einem Joystick quasi kinderleicht steuerbar, doch alles andere als geteerte und gepflasterte Strecken sind damit nicht wirklich machbar. Vor allem die spezielle Kopfstellung, die sein Körper braucht, um atmen oder schlucken zu können und die Tatsache, dass jede größere Erschütterung wegen der fehlenden Muskulatur akut lebensbedrohlich sein kann, machen schon unbefestigte Feldwege für ihn zum unüberwindbaren Hindernis. Im Prinzip hatte Matthias Kaah diesbezügliche Unternehmungen schon längst abgehakt, von klein auf war ihm ja eingetrichtert worden, dass er sich solche Dinge aus dem Kopf schlagen müsse. Bis er Regina kennenlernte. Ihre Zuversicht und ihr Mindset haben sein Leben, wie er immer wieder gerne betont, auf ein neues Level gehoben. Sie hat ihm seine Träume zurückgegeben und mit ihm zusammen Ziele definiert, die er - Handicap hin oder her - in seinem Leben noch erreichen will. Sie hat ihn gelehrt, dass es „geht nicht" nicht gibt, wenn man den Willen dazu hat. Ihr „The Sky is the Limit" bekommt er seitdem nicht mehr aus dem Kopf.

Ungeduldig wartete er darauf, dass Regina wieder Dienst hatte und sofort konfrontierte er sie mit der dringenden Bitte, doch jetzt einen weiteren Lebenstraum-Meilenstein in Angriff zu nehmen.
„Ich möchte jetzt endlich den Riegelberg angehen. Seit fast einem halben Jahrhundert wohne ich am Rand und kann ihn immer nur von unten betrachten."
„Und nicht zu vergessen, wolltest Du schon immer die Ofnethöhlen und die Steinzeitmenschen dort jetzt endlich besuchen." Regina lachte und wusste sofort, warum dieser Wunsch auf einmal so dringlich wurde. „Von dort aus wäre es doch ein Leichtes, dann auch gleich zur Unfallstelle zu gelangen."
Matthias Kaah war keinesfalls überrascht, dass Regina ihn durchschaut hatte. Er wäre eher enttäuscht gewesen, hätte sie nicht sofort Lunte gerochen.
„Da brauchen wir aber ein paar Tage, bis wir alles beieinander haben. Wir brauchen Deinen anderen Rollstuhl, den ohne Technik, wir brauchen mindestens fünf Träger. Wir brauchen zwei weitere Assistenz-Kräfte als Medicalund Versorgungsteam. Und dann noch sowas wie einen Lunch-Trupp."
Matthias schien es nicht nur so, dass Regina die ganze Organisation im Prinzip schon durchgespielt hatte. Mehr als einmal war sie die Wegstrecke von der so genannten Römervilla - damit waren die gemauerten Umrisse oder Grundmauern einer ehemaligen römischen Villa Rustica

gemeint, die vor Jahrzehnten hier ausgegraben wurden – zu den Höhlen abgegangen. Schwierig, sogar für nicht ganz fitte Fußgänger zu steil, unwegsames Gelände, Geröll und dann bis kurz vor dem Höhleneingang eigentlich nur ein Trampelpfad.

Aber natürlich war es zu schaffen, da war sie sich sicher. Bei allem Wagemut, der sie mit Matthias verband: Natürlich hatte er Angst vor dem Trail, sein Puls würde rasen, sein Blutdruck verrückt spielen. Das alles musste bedacht sein, jede Eventualität, so gut es ging, ausgeschlossen werden.

Schon längst hatte sie sich eine Liste gemacht, wer als Begleiter in Frage kommen würde, neben Freunden waren das auch einige von Matthias Nachbarn. Wenn es irgendwas zu tragen, transportieren, reparieren, zu fahren oder zu regeln gab. Irgendjemand unter diesen Nachbarschafts-Freunden war meistens schnell, unkompliziert und gerne zur Stelle.

Sie besorgte das ganze Equipment, Transportgurte und Handschuhe für die Träger und versuchte dann, einen gemeinsamen Termin zu finden, bei dem alle Zeit hatten und das Wetter mitspielte. Und sie wollte auch einen Profi-Filmer dabei haben, der das Ereignis für Matthias dokumentieren würde und nebenbei eine Drohne steuern konnte, um Marvins Unfallort von der Luft aus in Augenschein nehmen zu können. Wenn er schon einmal da oben war, würde Matthias auch wirklich alles sehen wollen, was zu sehen sein könnte.

Sie hatten ungefähr sechs Stunden veranschlagt. Sie, das waren Jasmin, Irene, Christof, Günther, Hans, Lothar,

Markus, der besagte Foto-Finck-Kameramann Peter und Regina. Pünktlich standen alle am Treffpunkt bereit, Matthias kam in seinem Ersatzrollstuhl an, der zwar ohne jegliche Funktionalität, aber um 230 Kilo leichter war als sein übliches Hightech-Gerät. Es war immer eine große Umstellung für ihn, wenn er auf seinen alten Rollstuhl zurückgreifen musste, war doch sein neues Gefährt, das ihn immerhin fast schon ein Jahrzehnt begleitete, so etwas wie eine zweite Haut für ihn geworden. Es macht ihn nicht nur mobil - er konnte damit immerhin bis zu 10 km/h in der Stunde fahren und war mit Hupe, Beleuchtung und allem anderen ausgestattet, was die deutsche Straßenverkehrsordnung vorsah - es umgab ihn auch wie ein zweiter Muskelpanzer. Mittels Mini-Joystick konnte er alle möglichen Sitzanpassungen vornehmen, etwa die Beinstellung verändern, die Neigung der Rückenlehne und alle anderen für ihn relevanten Sitzpositionen herstellen. Mit wenigen Klicks konnte er ihn sogar zur Liege umwandeln. Sein Kopf, seine „Achillesferse", wie Matthias ihn immer nannte, war optimal gehalten und damit geschützt. Eine elektronische Sondersteuerung, die er von seinem Arbeitgeber installiert bekommen hatte, ermöglichte ihm, den Joystick, den er nur mit Hilfe von zwei Fingern um nur einen Millimeter bewegen konnte, in eine Computermaus und -tastatur umzuwandeln, mit der er den Computer komplett bedienen konnte. Auch Bluetooth und Infrarot stand ihm zur Verfügung, er konnte mit seinen Fingern den Fernseher bedienen, die Telefonanlage, die häusliche Beleuchtung regeln und die Stereoanlage bedienen. Auch alle Türen öffneten und schlossen sich für ihn vom Rollstuhl aus. Ein Smartchair für sein persönliches Smarthome, könnte ein Slogan lauten, wollte er mit seinem Rollstuhl Geschäfte machen. Doch jetzt war er aus seiner zweiten Haut geschlüpft und auf Gedeih und Verderb der Planung, Organisation und Obhut von Regina und seinen Abenteuer-Gefährten ausgeliefert. Sein Herz pochte wie wild, als sich der Tross am Fuß des Riegelberges langsam in Bewegung setzte. Zum Glück waren an diesem Werktag-Vormittag keine anderen Ausflügler oder Touristen unterwegs. Kaah war es lieber, wenn nicht so viel Aufhebens gemacht wurde oder Schaulustige sein Abenteuer mit Neugier und tausend Fragen begleiten würden. Lediglich seine Krankengymnastin Kathrin und vor allem seine Mutter waren bei diesem Spektakel dabei, was Kaah, im Falle seiner Mutter, mit Stolz erfüllte.

Langsam hoppelte das Gefährt an der Villa Rustica vorbei. Während die einen Matthias Kaah schoben und zogen, las Christof, ganz Radioprofi, vor, was er über die Villa recherchiert hatte. „Ungefähr siebzig solcher Villen lassen sich inzwischen im Donau-Ries belegen, das zur Römerzeit als Kornkammer Bayerns galt. Bereits im 19. Jahrhundert wurde römisches Fundgut unterhalb der Ofnethöhlen entdeckt, doch erst 1974 zeigten sich erste Überreste des Haupthauses der Villa. Im Zuge der Flurbereinigung wurde 1976 zunächst ein Haupthaus freigelegt und das Gelände für weitere archäologische Grabungen gesichert. Dabei wurde der gesamte zentrale Villenbereich mit weiteren Gebäuden aufgedeckt und 1983 auf Beschluss der Stadt

Nördlingen für Besucher konserviert. Neben dem Hauptgebäude konnten fünf weitere Bauwerke, darunter ein Bad und Teile der Umfassungsmauer, aufgedeckt werden. Meist errichteten Veteranen der römischen Armee, nach ihrer ehrenvollen Entlassung, Anlagen dieser Art. Die ehemaligen Soldaten trugen mit ihrer bäuerlichen Arbeit wesentlich zur Aufrechterhaltung des Wohlstandes und der Sicherheit ihrer Provinzen bei, da nicht nur die Zivilbevölkerung, sondern insbesondere die Armee dort ihre Vorräte einkaufte. Ein ausgegrabener Mühlstein zeigt, dass die Bewohner der Villa ihr Getreide selbst gemahlen haben. Die Holheimer Villa ist im 2. Jahrhundert n. Chr. entstanden. Spätestens mit dem endgültigen Limesfall 259/260 n. Chr., ging die Holheimer Villenanlage für immer unter. Eine Brandschicht im Haupthaus deutet das gewaltsame Ende der Hofanlage an. Wie die aus dieser Schicht geborgenen Funde zeigen, geschah die Brandkatastrophe um die Mitte des 3. Jahrhunderts. In dem niedergebrannten Wohnhaus fanden die Archäologen noch die Überreste seiner einstigen Bewohner, die unbestattet in den Ruinen liegen geblieben waren."
Damit steckte er seine Unterlagen ein und half wieder beim Ziehen und Schieben. Das Medical-Team schwirrte wie weibliche Satelliten um Kaahs Gefährt herum. Regina hielt ständig seinen Kopf und alle zusammen achteten darauf, dass nichts passieren konnte, räumten größere Steine aus dem Weg und ebneten, so gut es eben ging, den jetzt schon schwer atmenden Männern den Weg hinauf zu dem kleinen Plateau, das nebst einer großen Schautafel vor dem Eingang der Höhle die Gelegenheit

zum Ausruhen und für Matthias zum ungetrübten Rundblick über die Felder und seine Heimatgemeinde bot.

Schon jetzt war Matthias Kaah vollkommen geflashed. So lange hatte er von diesem Erlebnis geträumt und jetzt war er kurz davor, einen Lebenstraum erfüllt zu bekommen. Mit keinem Menschen auf der Welt wollte er in diesem Moment tauschen.

Trotz des euphorischen Klatschens, als sie oben angekommen waren, spürte der kleine Expeditionstrupp die Rührung und die Dankbarkeit, die Matthias in diesem Moment nicht ausdrücken konnte, so beeindruckt war er. Um eine nicht gleich allzu rührselige Stimmung aufkommen zu lassen, ergriff Christof wieder die Initiative und das Wort: "Ich würde vorschlagen, dass ich jetzt kurz einen Abriss über die Geschichte vorlese, wer oder was überhaupt diese Höhlen sind und dann lassen wir Matthias den Highlight-Tag ganz allein in der Höhle genießen."
Kein Widerspruch und Matthias war ohnehin so geplättet, dass er kein Wort rausbrachte.

„Also gut, es ist ja nichts Neues, was ich Euch erzähle, aber so eine kleine Rekapitulation des Heimatkunde-Stoffes kann uns, glaube ich, nicht schaden. Die Schulzeit ist doch, bei manchen von uns, einige Monde her."
Damit kramte er wieder in seinen Unterlagen, sortierte kurz die Blätter und begann: „Die auf 520 Höhenmetern gelegene Große Ofnet ist 55 Meter lang. Ursprünglich war der Eingang in die Große Ofnet kleiner, er erhielt bei einer Sprengung durch den Ausgräber Robert Rudolf

Schmidt seine jetzigen Ausmaße: Er ist vier Meter hoch und sechs Meter breit. Von der acht Meter langen, acht Meter breiten und neun Meter hohen Eingangshalle zweigen links und rechts kurze Seitenäste ab, die beide zu Tage führen. Die Kleine Ofnet liegt einige Meter oberhalb der Großen, nahe dem oberen Rand des Höhenrückens. Sie besitzt nur einen begehbaren Raum, der zwölf Meter lang, sieben Meter breit und drei Meter hoch ist. Erstmals untersuchte ein Stuttgarter Pfarrer und Geologe die Ofnethöhlen um 1876 systematisch. Er entdeckte Steinwerkzeuge und Tierknochen, die wahrscheinlich aus der Zeit von 3000 bis 5000 v. Chr. stammen. Für Aufsehen sorgte der Tübinger Forscher Robert Rudolf Schmidt, der die Ofnethöhlen 1901 untersuchte: Schmidt fand in der Großen Ofnet zwei Nester, in denen 33 Menschenschädel lagen. Zehn von ihnen waren Frauenschädel, 19 Kinder- und vier Männerschädel. Alle Schädel waren nach Westen ausgerichtet. Die weiblichen Schädel waren mit Schmuckbeigaben versehen, darunter hunderte Hirschzähne und Gehäuse von Schmuckschnecken. Alle Beigaben waren durchbohrt und müssen ursprünglich zu Ketten oder Netzen aufgefädelt gewesen sein. Sie stammen wohl aus der Mittelsteinzeit um 7700 v. Chr. Weil Schmidt in den Nestern auch Unterkiefer und Halswirbel fand, ist davon auszugehen, dass die Köpfe mit Haut und Haar in die Höhle getragen wurden, nachdem sie zuvor von den Rümpfen getrennt worden waren. Ob Enthauptung die Todesursache der 33 Personen war, lässt sich nicht feststellen. Unverheilte Schädelverletzungen deuten auf einen gewaltsamen Tod hin, sie könnten den Körpern aber auch nach dem Tod zugefügt worden sein. Wahrscheinlich stammt das von einem kriegerischen Massaker. Andere Theorien sprechen von einer rituellen Opferung oder Kannibalismus. Will sagen: Nix Genaues weiß man nicht."

Als er mit seinem Monolog, dem die Zuhörer interessiert gelauscht hatten, fertig war, baute sich Christof theatralisch vor Kaah auf ... und sprach: „Matthias Kaah, ich frage Dich: willst Du trotz dieser gruseligen und verabscheuungswürdigen Vorkommnisse, die vor nicht allzu langer Zeit an diesem Ort stattgefunden haben, Dich von mir in diesen Höllenschlund schieben lassen?"

„Ja, ich will, Christof", lachte Matthias und griff sofort den Tenor auf, „ich hoffe aber nicht, dass Du mir jetzt gleich einen Ring anstecken willst."

„Gott bewahre. Ich liebe Dich zwar auch, aber meine Frau ist mir dann doch, mit Verlaub, noch einen Ticken mehr ans Herz gewachsen."

„Dann gebe ich Euch jetzt das Ja-Wort, mich in die Höhle zu bringen." Matthias schluckte, jetzt übernahm die Rührung doch die Oberhand. Unter Tränen, nicht nur bei Kaah, fuhren sie mit ihm in die Höhle.

Jede Ecke zeigten sie ihm, was gar nicht so einfach war, denn der Boden im Inneren war feucht, felsig und natürlich uneben. Schweigend sah sich Matthias alles an.

„Ich möchte bitte ein paar Minuten alleine sein."

Das Team verließ die Höhle und auch der Kameramann, der sonst jede Sekunde der Aktion gefilmt hatte, ging mit ihnen zusammen nach draußen.

Minutenlang saß Kaah regungslos da. Er war seinem Team unglaublich dankbar, dass es ihn hierher gebracht hatte. Marvin hätte es sicher auch gefallen, ihn bei dieser Aktion zu begleiten. Und mit ihm zusammen hätten sie noch mehr Spaß gehabt als ohnehin schon. Doch nur ein paar Meter oberhalb dieses Platzes, auf der anderen Seite des Berges, hatte er den Tod gefunden.

Apropos Tod: Auch an seinen Freund und Kollegen Sebastian musste er jetzt denken, mit dem er immer wieder darüber gesprochen hatte, was man trotz Handicap – Sebastian hatte ebenfalls eine spinale Muskelatrophie gehabt – doch noch alles erleben wollte. Es hätte ihm auch gut gefallen hier. Doch eine simple Magenoperation hatte diesen Plänen ein Ende gemacht. Eine Operation, zu der ihm Matthias auch noch geraten hatte: Er hatte sich eine Magensonde legen lassen wollen, was dringend geboten gewesen war, da er zuletzt nur noch 25 Kilogramm auf die Waage gebracht hatte.
Kurz nach dem Operationstermin hatte Kaah bei ihm angerufen, um zu fragen, wie denn der Eingriff verlaufen wäre. Doch niemand ging ans Telefon. Sebastian, gerade mal 32 Jahre alt, war mit seiner Mutter vier Tage vorher in eine Spezialklinik gefahren, um den scheinbar harmlosen Eingriff vornehmen zu lassen. Der Plan war simpel: Es sollte ohne Narkose und ohne Sedierung vonstattengehen. Daher wurde er in einen CT gelegt, in dem man unter Sicht die Sonde unter die Bauchdecke stechen wollte. Eigentlich ein Routineeingriff und niemand konnte sagen, was passiert war, hat-

te man doch ganz bewusst auf Narkose und Sedierung verzichtet.

Als dann ein paar Minuten später Matthias Telefon läutete und Sebastians Nummer auf dem Display erschien, hob er erfreut ab: „Sebastian, wie geht es Dir? Und warum bist du schon zu Hause?"

Am anderen Ende der Leitung war es zunächst lange still und dann erklang die traurige Stimme von Sebastians Mutter: „Matthias, bitte nicht erschrecken, aber ich bin alleine nach Hause gekommen."

„Das ist doch nicht möglich! Was ist passiert?"

„Sebastian hat die Operation nicht überlebt."

Erst jetzt realisierte Kaah, dass es keine Komplikationen waren, über die sie sprachen, sondern Sebastians Tod.

Je länger das Telefonat dauerte, desto betroffener und angegriffener wurde Kaah selbst. Um sich selbst zu schützen, musste er es, so schnell und höflich es eben ging, beenden.

Alles lief vor ihm ab. Die gleiche Krankheit, die Beschwerden, die Probleme bei Narkose und Sedierung, ein bevorstehendes Tracheostoma und schließlich die fehlgeschlagene Operation. So heftig wie nie wurde ihm erneut klar, dass ein Leben mit Muskelatrophie immer am seidenen Faden hängt. Egal, wie viel Vorsichtsmaßnahmen man trifft.

Aber auch, dass er, Matthias Kaah, im Himmel einen äußerst fähigen und cleveren Schutzengel haben muss, der ihm bei seinen vielen Operationen zur Seite gestanden hatte.

Vor allem auch bei der Schwersten seines Lebens, immer wieder hatte er die Geschichte erzählt: „Es war wieder ein Morgen, an dem ich erwachte und sofort spürte, schlecht geschlafen zu haben. Sämtliche Gelenke taten mir weh und sogar die Knochen schmerzten. Regina, die die ganze Nacht an meinem Bett Wache geschoben hatte, brachte ein zartes Lächeln zustande. Neben mir saß meine Mutter und ich freute mich sehr, dass sie mich bereits am frühen Morgen besuchte. Auf der anderen Seite meines Bettes entdeckte ich einige Augenblicke später meine beiden Brüder, die an diesem Tag meine Mutter nach München begleitet hatten. Ich war natürlich sehr erfreut, alle zu sehen. Ein wenig wunderte ich mich trotzdem über den Aufmarsch. Es war das erste Mal, dass sie gemeinsam kamen. Ich fühlte mich nicht besonders wohl, die Nasensonde, die mir zur Ernährung gelegt wurde, schmerzte im Rachen und die vielen Schläuche und Kabel um mich herum und in mir drin, empfand ich als Last. Nach etwas gezwungen klingendem Smalltalk kam ein Arzt. Er kam zwar zu meinem Bett, er sprach aber mit meiner Mutter und meinen beiden Brüdern, ich konnte ihn nicht verstehen. Ihre Gesichter waren versteinert und die Stimmung war gedrückt. Immer noch war mir nicht klar, worum es ging. Mir wurde nur gesagt, dass ich jetzt für eine OP vorbereitet würde. Dann kippte ich weg.

Als ich wieder erwachte, mussten einige Stunden vergangen sein, denn der Tag dämmerte bereits. Lediglich meine Assistentin war am Bett verblieben, meine Mutter und meine beiden Brüder waren nicht mehr da. „Du hast das Gröbste überstanden", meinte sie und freute sich, dass ich erwachte. Erst einige Wochen später erfuhr ich, dass dieser Besuch meiner Familie kein normaler war, sondern die Ärzte alle zusammengerufen hatten, um Abschied von mir zu nehmen, denn um mich war es sehr schlecht gestanden. Nur eine Notoperation, die an diesem Sonntag durchgeführt worden war, hatte mich gerettet. Erst viele viele Wochen später wurde mir klar, dass mein Leben an diesem Tag an weniger als einem seidenen Faden gehangen hatte."

Was war geschehen? Der Ursprung für dieses Dilemma war eine einfache Operation, zumindest wurde es so von den Ärzten eingestuft. In seiner rechten und einzigen Niere hatte sich ein Nierenstein gebildet. Die linke Niere war bereits im Kindesalter ebenfalls aufgrund von Steinen komplett entfernt worden. Somit war diese Operation notwendig, damit er kein Dialysepatient werde. In einigen Krankenhäusern wurde er abgelehnt, da entweder die notwendigen Gerätschaften für die Art seiner Operation nicht vorhanden waren oder sich die Ärzte auch schlichtweg nicht trauten. Nur in München gab es einen Arzt, der seine Niere operieren konnte. Klar war, dass die für diese Operation benötigte Vollnarkose eine große Gefahr für ihn darstellte. Daher wurde auch sein langjähriger Beatmungsarzt, Dr. Wollinsky aus Ulm, in die Vorplanung einbezogen. Generell hatte sich Kaah im Laufe der Jahre ein unglaublich gutes Netzwerk an Ärzten aufgebaut. Nahezu alle waren für ihn an 7 Tagen 24 Stunden erreichbar. Mehr noch, die meisten konnte er sogar direkt per Kurznachricht erreichen und innerhalb kürzester Zeit eine Antwort erwarten. Ein Privileg, das sicherlich nicht jeder „Patient" genießen darf.

Matthias war schon immer ein Mensch, der alles sehr ausführlich plant. Er wollte alles geregelt haben und im schlimmsten Fall seiner Nachwelt alles so einfach wie möglich machen. Deshalb hatte er zusammen mit seiner damaligen Assistentin Katrin alles heimlich vorbereitet. Der Grabstein wurde bei seinem Freund Stefan in Wallerstein ausgesucht und die Inschrift vorbereitet. Kaahs Vater hatte früher als Steinmetz sehr lange dort gearbeitet und Matthias war bereits seit seiner Kindheit mit Stefan befreundet. Er war zum Gespräch beim Pfarrer und auch beim Bestatter. Alles heimlich, denn Kaah wollte nicht, dass seine Mutter von seiner Angst erfährt. Sein sogenannter „Sterbeordner" war mit allen Kontaktdaten und Passwörtern gefüttert, Kündigungen für sämtliche Vereine vorbereitet und vieles mehr... So ging es nach München. Den ersten Part der Begleitung übernahm Regina, sie kannte ihn am besten und wusste, was er wollen würde, auch im Notfall. Sie begleitete ihn zu allen Aufklärungsgesprächen, war bestens vorbereitet. In der Nacht hatte er kaum geschlafen, als am Morgen der Aufruf in den OP kam. Dann nur noch sehr viele Lichter an der Decke auf den unendlichen Fluren des Klinikums. Todesangst! Filmriss...!

Vor der Operation hatte Matthias Kaah Regina das Versprechen abgenommen, dass auf keinen Fall in der Welt eine Trachealkanüle gelegt werden darf. Das war seine Bedingung, unter der er der Operation überhaupt zugestimmt hatte.
Eine Trachealkanüle ist ein Röhrchen aus Kunststoff oder Metall, das nach einem Luftröhrenschnitt in die entstan-

dene Öffnung (Tracheostoma) gelegt wird. Über diese Kanüle wird der Betroffene mit Luft versorgt. Zu dieser Methode greift man immer dann, wenn die Atmung über Mund und Nase nicht mehr ausreichend funktioniert. Die Trachealkanüle ist ein sogenannter Platzhalter, der dafür sorgt, dass die Öffnung in der Luftröhre stabil geöffnet bleibt. Regina musste ihm als Vertrauensperson neben dem Anästhesisten zusagen, dass sie alles in ihrer Macht stehende tun würde, um dies zu verhindern. Des Weiteren hatte er sie inständig gebeten, auf der Intensivstation immer an seinem Bett zu bleiben und nicht von seiner Seite zu weichen. Sie war ja die Einzige die wirklich wusste, wie man ihn aufgrund seiner zahlreichen Kontrakturen anfassen oder lagern durfte. Was er seiner Top-Pflegerin damit aufgebürdet hatte, konnte er – der ja selbst unsägliche Angst gehabt hatte – wohl nicht ermessen.

Regina saß stundenlang an seinem Intensivbett – auch nach weit über einer 24-Stunden-Schicht wollte sie nicht von seiner Seite weichen, obwohl die diensthabenden Intensivschwestern Regina immer wieder darauf hinwiesen, dass es auch für sie gefährlich war, sich weder auszuruhen und noch hinzulegen. Erst als Regina absolut nicht mehr konnte, willigte sie – entgegen ihres Versprechens – ein, sich kurz auszuruhen. Nicht ohne mit dem Intensivpflegeteam besprochen zu haben, sie unbedingt, bei jeglicher pflegerischen Handlung an Kaah, sofort hinzuzuziehen.

Regina hatte sich kaum hingelegt, kam der Anruf, den sie unbedingt hatte vermeiden wollen. Schon am Telefon vernahm sie große Hektik und sie rannte den weiten Weg durch die verlassenen Flure des Klinikums auf die Intensivstation. Bestimmt sechs Menschen um Matthias Bett. Nulllinie auf dem Display. Horror pur. Die Ärzte gaben alles, konnten aber in diesem Fall auch nicht mehr zimperlich mit Matthias umgehen, also doch Trachealkanüle. Regina war der Verzweiflung nahe, alles schien vorbei, gefühlsmäßig raste sie in eine nicht enden wollende emotionale Achterbahn.

Wenige Zeit später - hatte er es doch mal wieder geschafft. Doch insgesamt war er neun Wochen im Krankenhaus, davon etwa 14 Tage, mit kurzen Unterbrechungen, auf Intensiv. Er war zehnmal im Operationssaal und mit zahlreichen Blutkonserven regelrecht abgefüllt.

Insgesamt wurde seine Familie dreimal ans vermeintliche Sterbebett gerufen. Durch die Trachealkanüle konnte er nicht sprechen. Kommunikation war nur über die Augen möglich. Er fühlte sich lebendig begraben und wollte tatsächlich irgendwann nur noch sterben.

Seine Assistenzkräfte vollbrachten damals übermenschliche Leistungen, vor allem Regina, Isabel und Daniela. Den größten Teil dieser neun Wochen verbrachten sie an seinem Bett. Auch seine Mutter kam jeden zweiten Tag nach München, um ihm selbst gekochtes Essen zu bringen - immer mit der Hoffnung, dass er endlich wieder mehr essen würde.

Regina hat sich währenddessen große Vorwürfe gemacht, dass sie ihr Versprechen nicht hatte einhalten können. Aber auch Matthias hatte Zeit gehabt, darüber nachzudenken, was er ihr damals angetan hatte. Gelernt, dass er ihr so ein Versprechen niemals hätte erbetteln können und dürfen. Regina würde ja ohnehin alles dafür geben, dass es ihm gut geht. Doch irgendwo sind Grenzen erreicht. Grenzen, die man nicht überschreiten darf! Das wusste er jetzt. Und nach wie vor hatte er ein Assistenz-Team, auf das er sich zu 100 % verlassen konnte. Und auch heute hatte er sich von deren Fähigkeiten wieder einmal überzeugen dürfen.

Einen Teil davon rief er jetzt wieder zu sich. Als sie ihn zurück ins Freie brachten, strahlte er mit der Sonne um die Wette.

„Weiß jemand von Euch, woher der Name Ofnethöhlen eigentlich kommt?"

„In meinen Unterlagen stand, dass man über die Herkunft des Namens nichts weiß", antwortete Christof, „niemand hat bisher eine Erklärung gefunden."

„Ofnet klingt für mich wie der Firmenname eines modernen Energieversorgers", Matthias musste grinsen. „Die Besichtigung dieser Höhle wurde unterstützt von Ofnet, dem Netzbetreiber ihres Vertrauens!" Alle lachten.

„Jetzt wissen wir ja, wohin wir die Rechnung für Deinen Transport schicken können", sagte Markus, „und die Kosten für die Filmerei können sie dann auch gleich übernehmen."

„Gute Idee eigentlich", meinte Kaah, „denn jetzt kommt der zweite Teil. Das wird auf der einen Seite ein weiteres Highlight für mich, auf der anderen ... na ja, Ihr wisst schon. Aber ... was sein muss, muss sein."

Der Tross setzte sich wieder in Bewegung. Mit gespieltem Stöhnen gaben die Transporteure die Galeerensträflinge, doch je näher sie dem anvisierten Ort des Geschehens kamen, desto stiller wurden alle. Sie hatten eigentlich erwartet, näher an den Abgrund herankommen zu können, doch der Zaun war repariert, die Lücke geschlossen. Nur ein paar Stofftiere und verwelkte Blumen, die wohl aus Pietät von den Arbeitern liegen gelassen wurden, die das doch so schnell hatten erledigen sollen, erinnerten an das Geschehen.

Lange blieb Matthias stumm in stillem Gedenken vor der Stelle stehen, die ganze Gruppe legte eine ausgedehnte Gedenkminute ein. Matthias ließ die Begegnungen mit Marvin wie einen Film vor seinem inneren Auge ablaufen. Dann war er sich sicher: Ein Selbstmord kam in diesem Drehbuch nicht vor.

„Können wir mit der Drohne nach innen fliegen und den Abgrund abscannen?"

Kaah wollte nach Marvins Handy und den Schlüsseln suchen lassen. Der Pilot fuhr den Abhang mehrere Male ab, nicht einmal kleinste Spuren des Unglücks waren zu finden.

„Ich denke, das bringt nichts", unterbrach Regina die Nachforschungen. „Matthias, Du bist jetzt das erste Mal hier oben, es war einer Deiner größten Wünsche. Dann genieße doch den Tag und die Aussicht. So schnell kommen wir nicht mehr hier hoch."

Natürlich hatte Regina mit ihrem energischen Eingreifen recht. Diese Gelegenheit zum Rundblick über das Ries bis Nördlingen und auch hinunter in sein Heimatdorf sollte er, trotz aller Trauer um Marvin, nicht Überlegungen und Tatsachen, die er im Moment nicht ändern konnte, opfern.

„Eins noch", meldete sich Lothar, „möchtest Du nicht auch noch Deinen Kräutergarten sehen? Der ist doch da vorne, nicht weit von hier. Lass' die Drohne mal kurz rüber jetten."

„Was für ein Kräutergarten denn?" Christof wurde neugierig.

Matthias Kaah zögerte mit einer Antwort und sah hilfesuchend in die Richtung von Regina. Die zuckte allerdings nur mit den Schultern, wie um zu sagen, es sei seine Entscheidung, ob er darüber reden wolle. Seit einigen Jahren hatte Matthias Kaah mit Hilfe von einigen Freunden hinter Zaun und Absperrung, also außerhalb der Reichweite Unbefugter, Neugieriger, Schmarotzern und Ordnungshütern eine kleine Cannabis-Plantage anlegen lassen. „Nur für den Eigenbedarf und nur, um meine Beschwerden ab und zu lindern zu können", erklärte Kaah dann doch die Situation. Nicht ohne leicht in Verlegenheit zu geraten. „Den Trick habe ich von einem Bekannten aus Ulm. Die haben schon vor Jahrzehnten immer hinter den Absperrungen der dortigen Steinbrüche ihre speziellen Gärten angelegt."

Nachdem das geklärt und statt Naserümpfen bei allen Beteiligten nur Neugier zu registrieren war, flog die Drohne suchend das Gelände ab und zeigte dann auf dem Monitor, dass die Pflanzen prächtig gediehen. Weder sie noch der Zugang durch den Zaun waren offensichtlich vom Reparaturteam entdeckt worden.

„Da steht ja eine Ernte bevor", konstatierte Christof. „Da kannst Du Deine Gärtner bald losschicken."

Damit war das Thema bald erledigt und Matthias kreuzte mit seinem Galeerenteam, das bald seine Fröhlichkeit wieder erlangt hatte, auf dem Bergrücken herum. Zahlreiche Stopps ermöglichten ihm, sich den stetigen Wind, der dort oben wehte - und im Winter auch ziemlich grimmig sein konnte - um die Nase wehen zu lassen. Die für ihn unfassbar schöne Aussicht war allerdings die Krönung, wie er immer wieder vor Freude und Dankbarkeit sichtlich ergriffen, kundtat. An den „Hitlerlinden" vorbei arbeiteten sie sich langsam wieder - jetzt auf einem immer noch sehr holprigen Feldweg, aber längst nicht mehr so steil wie beim Aufstieg - herunter nach Utzmemmingen.

„Wie kommst Du auf Hitlerlinden?" Matthias hörte den Begriff zum ersten Mal, als sie an - er würde sagen - den anderthalb Bäumen vorbeikamen, die direkt über Utzmemmingen auf dem Riegelberg-Kamm standen. Irene hatte den Begriff eher beiläufig erwähnt.

„Kennst Du die Geschichte nicht?"

„Nein. Welche Geschichte?"

„Na die der Hitlerlinden. Ich weiß ja nicht, ob sie stimmt, aber sowas kann man ja nicht erfinden. Eine entfernte Tante von mir, Helena, alle haben sie nur Hell genannt, hat sie mir mal erzählt. Im 2. Weltkrieg sind dort, natürlich dem Führer zu Ehren, drei Linden gepflanzt worden."

„Aha, jetzt weiß ich, warum da niemand drüber redet und ich da nichts weiß. Die Utzmemminger schämen sich dafür."

„Das weiß ich nicht, aber damals jedenfalls wurde sehr viel Tamtam gemacht. Die Hell und ihre Freundinnen, meistens BDW-Mädels, mussten im Sommer mit Kannen und Eimern tagtäglich Wasser zum Gießen hier herauf schleppen."

„Aber Linden wachsen doch gar nicht recht an so einem Standort."

„Das war doch den damaligen Bonzen egal. Hauptsache was für das Ruhm-Reich tun."

„Aber scheinbar hat's nicht geholfen."

„Siehst du ja. Nach 80 Jahren steht noch eine und die andere so la la."

„Die armen Bäume. Selbst die wurden für Führer und Vaterland misshandelt."

WENN BILDUNG ZU DER MÄCHTIGSTEN WAFFE DES LEBENS WIRD

In der folgenden Nacht fand Matthias kaum Schlaf, so aufgewühlt hatten ihn die Erlebnisse auf dem Utzmemminger Hausberg. Wieder einmal hatte er einen Meilenstein in seinem Leben gesetzt, einen, den ihm so sicher die wenigsten zugetraut hätten. So wie die vielen anderen kleinen Markierungen, die sein Leben begleiteten. Schon von Anbeginn hatte er zu kämpfen gelernt. Im Sandkasten, als er mit Ziegelsteinen gestützt werden musste, damit er nicht andauernd umfiel. Als dann die Diagnose feststand, war es mit freier, selbstständiger Bewegung sowieso vorbei. Von Kind an saß er im Rollstuhl. Er konnte aber damals noch Arme und Beine bewegen, er konnte malen und schreiben. Zunächst im Kindergarten der – damals nannte man das – Sonderschule in Wört bei Ellwangen, wo er auch später zur Schule ging und den Hauptschulabschluss machte. Der Krankheitsverlauf war langsam aber stetig fortschreitend. Zunächst gab seine rechte Hand auf und Matthias wechselte zum Schreiben auf die linke. Mit dieser konnte er, für seine Verhältnisse, noch relativ lange, relativ vernünftig, selbst schreiben. Megastolz war er, als er mit dreizehn Jahren seinen ersten elektrischen Rollstuhl bekam. Heute noch ist er dankbar für die gute Förderung in Wört, wo er nicht nur den Schulabschluss machen konnte, sondern auch dank intensiven Einzelunterrichts zum Beispiel auch in Englisch und in EDV – heute würde man IT dazu sagen – eine Ausbildung als Programmierer erfolgreich abschließen. Während der Ausbildung behalf er sich mit dem kleinen Holz-Hämmerchen seines Onkels, mit dessen Hilfe er die Computer-Tastatur bediente, die normale PC-Maus und später einen Trackball führte da noch die linke Hand.

Gleich nach der Ausbildung trat er als Programmierer ins Berufsleben ein. Eine Zeitung titelte damals „Ein Sechser im Lotto", was einigen Gesprächsstoff in Utzmemmingen lieferte. Tatsächlich war es für Kaah ein absoluter Glückstreffer, auf dem ersten Arbeitsmarkt Fuß fassen zu können. Währenddessen war die Krankheit allerdings auch nicht untätig, die Hände stellten die Arbeit komplett ein, ab 2003 benötigte Matthias Kaah nachts künstliche Beatmung und von diesem Zeitpunkt an auch die 24/7-Betreuung. Was ihn nicht daran hinderte, fast 20 Jahre in seinem ersten Betrieb beschäftigt zu bleiben. Dessen Insolvenz im Jahr 2018 öffnete ihm die Tür zu seinem aktuellen Arbeitgeber. Inzwischen aber konnte er nur noch zwei Finger der linken Hand minimal, genauer gesagt je 2 Millimeter, bewegen.

Immer noch sehr wach, dachte er auch noch einmal über die zunächst peinliche Situation mit seinem so genannten Kräutergarten nach. Nur um seine Helferfreunde zu schützen, hatte er die Plantage nur dem allerkleinsten Kreis kommuniziert. Nicht, dass er mit dem Kraut hätte handeln wollen, nur für den Eigenbedarf, und wenn diverse Schmerzen ihm die Lebensqualität einschränken wollten, griff er auf kleine Dosen zurück, die ihm dann wieder im übertragenen Sinn auf die Beine halfen. Nur wenige und natürlich Regina wussten von dieser Sache und wie der Zugang zum Terrain hinter dem ominösen Zaun zu bewerkstelligen war. Matthias hatte in sicherer Entfernung und möglichst unverfänglich sogar eine Wildkamera installieren lassen, damit alle Bewegungen in unmittelbarer Nähe des Gärtchens aufgezeichnet werden konnten. Nicht zuletzt auch darum, um reagieren und seine Freunde schützen zu können, wenn die Gesetzeshüter hinter die Plantage und damit den Zaun gekommen wären.

Könnte die Kamera nicht auch die Stelle im Blick haben, an der Marvin abgestürzt war? Matthias schreckte noch mehr auf und an Schlaf war jetzt überhaupt nicht mehr zu denken. Er musste unbedingt sofort die Speicherkarte holen lassen und sich die aufgezeichneten Aufnahmen ansehen.

Kaum auf den Beinen, rief er einen sehr vertrauenswürdigen Freund an und bat ihn, die Wildkamera zu leeren beziehungsweise die SD-Karte auszutauschen. Dieser hat die Wildkamera, als damals der Kräutergarten angepflanzt wurde, gewissenhaft wie er ist, so sicher und natürlich möglichst „unsichtbar" an einem abgestorbenen Baum angebracht. So, dass es ein ziemlicher Akt ist, die SD Karte zu wechseln. Er muss zu Fuß wieder auf den Riegelberg hochgehen und eine Strickleiter mitnehmen, die er zuerst umständlich über einen Ast geworfen am Baum festmachen muss. Matthias hatte zwar keine Ahnung wie, aber Lothar hatte ihm bei der Erstinstallation erklärt, dass sowohl die Leitermontage sicher als auch dieses Versteck sogar bombensicher war. Und er versprach ihm jetzt, die Speicherkarte in spätestens zwei Tagen zu überbringen.

„Herr Kaah, stellen Sie sich vor. Marvins Computer ist weg." Die entsetzte Mutter rief aufgeregt bei Matthias an.

„Wie weg?" Er konnte sich keinen Reim darauf machen.

„Ja, weg aus seinem Zimmer!"

„Sind Sie sicher? Vielleicht hat er ihn ja in irgendeiner Tasche verstaut. Zu uns kam er immer mit seiner ledernen Umhängetasche."

„Der Laptop war nicht in der Tasche. Der lag auf seinem Schreibtisch."

„Und jetzt ist er nicht mehr da? War er nach Marvins Tod noch da?"

„Ja natürlich. Er stand auf seinem Schreibtisch. So, als hätte er ihn gerade zugeklappt."

„Sie haben ihn inzwischen nicht mehr benutzt? Auch Ihr Mann nicht?"

„Nein, ganz sicher nicht. Mein Mann hat einen eigenen und außerdem ist Marvins Computer passwortgeschützt. Da kommen wir gar nicht rein." Jetzt war wieder ein leises Schluchzen zu vernehmen. „Wir wollten ja nachsehen, ob da nicht ein Abschiedsbrief hinterlassen war, gleich nach Marvins Tod. Aber wir sind nicht reingekommen."

„Oh, das tut mir aber leid. Haben Sie es schon der Polizei gemeldet?"

„Ja, das haben wir. Aber die haben nach Einbruchspuren gefragt, aber da ist ja nichts."

„Also gehen die der Sache auch gar nicht nach?"

„Nein, die Polizisten, die hier waren, haben zwar eine Anzeige aufgenommen. Aber große Hoffnung, dass sie was unternehmen würden, haben sie uns nicht gemacht."

„Haben Sie nicht darauf bestanden?"

„Wollten wir ja, aber sie haben uns nicht wirklich ernst genommen, habe ich das Gefühl. „Wo sollen wir denn da ansetzen?", haben Sie uns gefragt."

„Und es gibt keine Einbruchspuren? Im Keller oder so. Und haben Sie immer alle Fenster und Türen verschlossen?"

„Ja, ganz bestimmt. Und es ist ja auch nichts anderes weg. Nur der Laptop."

„Merkwürdig. Echt merkwürdig." Kaah wusste im Moment auch nicht, wie er den Eltern jetzt helfen könnte. „Waren Sie in letzter Zeit verreist oder sonstwie unterwegs?"

„Nein, natürlich nicht. Wir waren eigentlich immer hier. Vielleicht mal beim Einkaufen. Aber nie lange. Wir haben wirklich keinen Kopf fürs Ausgehen im Moment. Nur mit Herrn Wolkov und seiner Frau waren wir einen Abend mal essen."

„Mit Wolkov? Warum denn das?" Bei Kaah klingelten alle Alarmglocken.

„Er hat uns eingeladen, er wollte uns zu einer Art Trostabendessen einladen."

„Und da sind Sie hingegangen?"

„Ja, er hat uns sogar von einem Fahrer abholen lassen. Und in Meyers Keller eingeladen. Wir waren noch nie in so einem feinen Lokal."

„Hat er einen Grund gesagt, warum er das tut?"

„Er wollte sich bei uns bedanken. Dass wir unseren Sohn bei ihm haben arbeiten lassen. Und er wollte sich nicht nur von ihm auf dem Friedhof verabschieden, sondern auch von uns. Eben bei diesem Essen. Die Wolkovs waren sehr nett und haben nur Gutes über Marvin erzählt. Und dass sie ihn vermissen. Ihr Zuspruch hat uns sehr gut getan. Meinem Mann und mir."

„War der Laptop vorher schon nicht mehr da?"

„Wie kommen Sie jetzt auf den Laptop?"

„Versuchen Sie sich zu erinnern. Haben Sie den Computer vor oder nach dem Essen mit Wolkov vermisst?"

„Ich weiß es nicht genau. Ich bin ja nicht jeden Tag in Marvins Zimmer gegangen. Aber ich denke, vorher war er noch da." Die Frau zögerte kurz und fragte dann: „Sie denken doch nicht, dass Herr Wolkov ... ?"

„Ich habe nur gefragt", sagte Matthias, der seinen Verdacht nicht näher erläutern wollte.

„Nein, die Wolkovs waren echt nett und haben so liebevoll von Marvin erzählt. Und was sollte jemand wie sie mit dem Computer ... ?" Sie war verunsichert. „Nein, das glaube ich nicht. Wir sind doch nicht beim Tatort. So etwas gibt es doch nur im Film."

„Da könnten Sie recht haben", sagte Matthias und wollte das Gespräch so schnell wie möglich beenden. Die Frau war gestraft genug. Mit einem „Bitte informieren Sie uns, wenn der Laptop doch irgendwo wieder auftaucht", legte er auf und war sich sicher, dass hier etwas nicht ganz astrein war. Gelinde ausgedrückt.

Und wenn es so war, hieße das ja, dass Wolkov, wenn ihn sein Misstrauen nicht komplett trüge, irgendwie involviert war und man es hier mit einem ernsten Problem zu tun hätte. Vielleicht sogar mit Mord.

DIE WAHRHEIT BLEIBT DEM ERSTEN BLICK OFT VERBORGEN

Ist es vorstellbar, dass Wolkov aus irgendeinem Grund Marvin loshaben wollte? Hat Marvin ihn vielleicht unter Druck gesetzt oder gar erpresst? War Marvin in der Lage und doch so skrupellos, seinen Chef zu erpressen? Und wenn ja, womit? Hat Wolkov dann, nach der Tat, Marvins Handy und seine Schlüssel an sich genommen und jetzt, als er mit den Eltern beim Essen war, auch noch – er konnte ja sicher sein, dass niemand im Haus sein wird – Marvins Computer stehlen lassen, um eventuelle Beweismittel darauf zu vernichten? Kaah schwirrte der Kopf. Hatte er zu viele Krimis gesehen und sich da in etwas hineingesteigert? War er nur misstrauisch gegenüber Wolkov, nur weil dieser mit seinem Reichtum protzte? Er war sich jetzt überhaupt nicht mehr sicher und völlig durcheinander. Vielleicht hatte er tatsächlich zu viel Tatort gesehen. Er war ein regelrechter Fan dieser Serie. Besonders die Münchener Kommissare Batic, Leitmayr und Kalli hatten es ihm angetan. Es war ihm – durch die Vermittlung seines Freundes Wolfgang Fierek, der in dieser Folge eine große Rolle spielte – sogar gelungen, unlängst in einer Tatort-Folge als Statist mitspielen zu dürfen. Es war ein unglaubliches Erlebnis für ihn. Er am Set einer so großen

Produktion. Zwar hatte er als kleiner Statist nur - zusammen mit Regina und Markus - in einer Szene in einem Biergarten zu sitzen und übers Volksfest zu schlendern. Doch das ganze Drumherum, die aufregende Fahrt nach München, der Empfang am Set, das ganze Equipment, die Kameraleute, die Tontechniker, die vielen Helfer und nicht zuletzt die Schauspieler hatten ihn sehr beeindruckt. Miroslav Nemec, Udo Wachtveitl, all die anderen Darsteller und sogar Veronika Ferres hatte er persönlich kennenlernen dürfen. „Königinnen", hieß die Folge. Seine beiden Königinnen an diesem Tag waren „die Ferres" und „Schiele".

Mit letzterer wollte und musste Kaah seinen Verdacht besprechen. Sie würde seine verworrenen Gedankenspiele wieder in klare Bahnen lenken.
„Glaubst Du, Dimitri Wolkov ist zu einem Mord fähig?" Matthias fiel gleich mit der Tür ins Haus, die Regina gerade eben erst selbst von außen geöffnet hatte.
„Wie kommst Du denn darauf?" Sie schaute ihn verdutzt an. „Lass mich doch erst einmal richtig ankommen hier. Du bist ja total aufgekratzt."
„Meinst Du, Marvin war ihm irgendwie im Weg und er hat ihn in den Steinbruch gestürzt?"
„Sag mal, Matthias, gib's zu. Du hast heute schon was getrunken!"
„Nein, habe ich nicht. Warum sollte ich?"
„Na ja, wenn man solch steile Thesen in die Welt setzt hat man entweder einen in der Krone oder handfeste Beweise in der Hand. Meinst Du nicht?"

„So etwas Ähnliches habe ich ja. Stell Dir vor, Marvins Computer wurde geklaut."

„Wie geklaut?" Regina stellte dieselbe ungläubige Frage wie er Marvins Mutter gestellt hatte.

„Na, aus seinem Zimmer!"

„Aus seinem Zimmer? Woher willst Du das wissen? Wurde bei denen eingebrochen."

„Das nicht. Aber nachdem Marvins Eltern mit Wolkovs beim Essen waren, war auch der Laptop weg."

„Wieso gehen die denn mit Wolkovs essen?" Regina war verwundert.

„Er hat sie eingeladen. Das ist es ja. Und danach war der Computer weg."

„Das ist allerdings merkwürdig. Bist Du Dir sicher?"

„Ganz sicher ist sich Marvins Mutter nicht. Aber fast."

Kaah war schon wieder ganz aufgeregt. „Und wenn man eins und eins zusammenzählt und die Tatsache dazuzählt, dass sowohl Marvins Handy als auch seine Hausschlüssel nicht mehr da sind, ergibt sich, jedenfalls für mich, eine eindeutige Situation."

Jetzt wurde auch Regina nachdenklich. „Willst Du damit sagen, dass Wolkov etwas mit Marvins Tod zu tun hat?"

„Das liegt doch nahe, oder nicht?"

„Wie man's nimmt. Warum sollte Wolkov Marvin etwas antun?"

„Vielleicht hat ihn Marvin erpresst?"

„Aber dann müsste ja Wolkov etwas zu verbergen haben."

„Du hast doch selbst gesagt, dass Dir sein Gehabe und sein wundersamer Aufstieg nicht ganz koscher vorkommen."

„Okay, ich mag ihn nicht besonders und er ist mir zu groß-
spurig. Aber das heißt ja noch lange nicht, dass er ein
Betrüger, Verbrecher oder sonstwas ist. Und ... wenn man
das weiterspinnen würde, in letzter Konsequenz auch ein
Mörder."

„Ich weiß, dass das starker Tobak ist. Aber andererseits:
Vor ein paar Tagen waren wir uns einig, Marvin ist niemals
ein Selbstmörder."

„Ein Erpresser aber auch nicht."

„Ja, das stimmt auch wieder. Es ist ihm eigentlich nicht
zuzutrauen."

„Was willst Du jetzt machen?"

„Morgen bringt mir jemand die Speicherkarte von unserem Kleingärtchen."

„Von Deinem Kleingärtchen!"

„Meinetwegen. Von meinem. Die müsste eigentlich in die
Richtung der Absturzstelle leuchten. Wenn wir Glück haben, ist da was drauf."

Matthias konnte es kaum erwarten, die Karte in seinen PC
zu laden und er hoffte inständig, dass die Kameralinse so
weit reichen würde, um irgendetwas von dem Vorfall erkennen zu können. Zunächst einmal musste sich Kaah in
die Funktionsweise der Kamera hineinfuchsen. Bis zu
16.000 Fotos konnte das Medium speichern. Er war sich
nicht sicher, ob sie schon irgendwann mal – im übertragenen Sinne – „geleert" worden war. Ganz zu Beginn ja,
aber als sich niemals etwas tat, außer ein paar unscharfe
Tierfotos, geriet die Vorsichtsmaßnahme in Vergessenheit.
Tierfotos waren jetzt auch reichlich vorhanden, zwar
musste Kaah keine 16.000 Fotos auswerten, aber der Da-

tensatz war doch ermüdend groß. Und die meisten Auslöser waren Kleintiere wie Hasen, Vögel oder Mäuse in unmittelbarer Nähe.

Er wollte die Suche schon aufgeben, weil er befürchtete, dass die gesuchte Stelle doch zu weit weg war, um einen Fotokontakt auslösen zu können, als ihm ein minikleines Bild auffiel, das einen Menschen mit einer Art Paket über der Schulter zeigte. Es sah aus, als trüge er einen Teppich. Da - noch ein Bild, das war ja schon vorher gewesen, und er ging in der Kamerachronologie rückwärts, hier scheint er den Teppich oder was das war, den Abhang runterzuwerfen.

War das seine kriminalistisch-blühende Fantasie? Die Qualität war wirklich so grottenschlecht, von so weit her fotografiert und in der Vergrößerung derartig verpixelt, dass Kaah mehr raten als sehen konnte. Sah er das tatsächlich oder wollte er das so sehen? Er war sich nicht sicher.

Mehr Aufnahmen als diese zwei lieferte die Kamera nicht. Und mehr Vergrößerung gab die Technik leider nicht her. Er spulte weiter vor. Wieder Hasen, nochmals Hasen. Doch dann eine weitere Aufnahme von ganz weit hinten. Es war der Zaun, er fiel gerade um. Und dann, weiter vorne noch, noch einmal eine Aufnahme, eine Gestalt, die sich an den Zaunpfosten zu schaffen macht.

Trotz aller Verpixelung. Jetzt war sich Matthias Kaah sicher. Das war der Beweis für ein Verbrechen! Erst wurde der Zaun niedergerissen und zwar mit voller Absicht. Und dann wurde etwas, oder konkret gesagt Marvin, in den

Steinbruch geworfen. Fantasie und Sehenwollen hin oder her! Kaahs Herz schlug bis zum Hals, er musste sich zu mehr Ruhe und Unaufgeregtheit zwingen, sonst bekam er selbst noch mehr gesundheitliche Probleme als ihm lieb sein konnte.

Regina, der er seine Vermutungen mitteilte und auch die Aufnahmen zeigte, bescheinigte ihm zwar auch zunächst eine blühende Fantasie und die Absicht, mehr in die unglaublich schlechten Aufnahmen hineinzuinterpretieren als wirklich zu erkennen war. Aber ganz ausschließen konnte und wollte sie seinen Verdacht auch nicht. „Was sollen wir jetzt mit diesen Fotos machen", fragte sie, „willst Du damit zur Polizei gehen?"

„Glaubst Du, dass die uns diese Schemen-Schattenspiele abnehmen?"

„Ich fürchte nicht."

„Die würden eher zuvorderst meinen Krautgarten beschlagnahmen."

„Das mit Sicherheit!"

„Dann bleibt uns ja gar nichts anderes übrig, als selbst zu ermitteln?"

Regina lachte. „Wir ermitteln selbst? Tatsache? Und in welche Richtungen?"

„Natürlich in alle."

„Träum weiter. Wie sollen wir denn das leisten?"

„Wir - ich - haben schon ganz andere Dinge auf die Beine gestellt. Und Du bist doch diejenige, die mich immer wieder bestärkt, meinen Weg zu gehen."

„Das hier ist aber eine ganz andere Nummer."

„Das war die Muskeltour auch. Da hat auch fast jeder gesagt, als ich mit der Idee rüberkam, eine Motorradsternfahrt ist eine ganz andere Nummer."

„Ich weiß."

„Dann weißt Du auch, dass ich das jetzt angehen will."

„Mir geht es um das Wie!"

„Das Wie weiß ich auch noch nicht. War bei der Muskeltour aber auch nicht anders." Matthias Kaah lächelte.

INKOMPATIBILITÄT ALS QUELLE DES ERFOLGS

Das Winterhalbjahr 2004/2005 war für Matthias Kaah alles andere als ein Zuckerschlecken gewesen. Er hatte eine schwere Bronchitis mit starkem Husten. Leider kam das damals bei ihm mit ziemlich nerviger Regelmäßigkeit vor. Weil es für ihn jedesmal bedeutet, dass er seine verschleimte Lunge nicht abhusten kann. Was für ihn wiederum in diesem aktuellen Fall bedeutete, sechs Wochen lang das Bett hüten zu müssen. Beatmung, künstliche Ernährung und ausgeschlossen von allen Aktivitäten und Annehmlichkeiten, die ihm seine zweite Haut, sein voll ausgestatteter Rollstuhl bietet. Er kann nicht aufstehen, kann sich nicht bewegen, kommt weder aus dem Haus noch unter Leute und kann nichts machen, außer im Bett liegen und mit seiner jeweiligen Assistenzkraft kommunizieren.

Es bleibt ihm nur sein wacher Geist, seine Fantasie und seine Kreativität. In seinem Kopf entwickelte sich damals die Idee, zusammen mit seinem Pfleger, der neben ihm am Bett sitzend eifrig mit dem Laptop mitschrieb, eine Motorradsternfahrt zu organisieren. Weshalb diese Idee ausgerechnet im Winter, ausgerechnet im Bett und ausgerechnet dann, wenn man gezwungen ist, nahezu bewegungslos zu verharren, entstand, ist nur darauf zurückzuführen, dass der Kaah'sche Freiheitsdrang ein Ventil brauchte.

Evas Vater Peter hat in Deiningen ein Motorradgeschäft. Eva ist eine gute Bekannte und Kaah-Leidensgenossin, weil sie ebenfalls an spinaler Muskelatrophie erkrankt ist. Kaahs Bruder Thomas ist Motorradfreak und so stellte sich Matthias Kaah in diesen langen Winternächten gerne vor, wie es denn wäre, mit dem Motorrad durch die Lande düsen zu können. Dass aus dieser Fantasie eine Motorradsternfahrt entstehen könnte, hatte damals niemand wirklich auf dem Schirm. Und dass ausgerechnet ein Mensch mit einem derartigen Krankheitsbild wie Matthias Kaah solch ein Event auf die Beine stellt, sowieso nicht. Doch der virtuelle Kickstarter war betätigt, die Maschine dröhnte schon im Leerlauf, und vor allemd setzte sie sich in Bewegung. Thomas und Peter erledigten alles, was sie an physischer Arbeit beisteuern konnten, Matthias lieferte – sozusagen im Liegen – den kreativen Überbau, wie Eventkonzeption, Marketing, Sponsoring etc. Als Kaah begann, prominente potentielle Motorradfahrer – Namen wie Herbert Grönemeyer, Peter Maffay und andere – einzuladen, um eine Art Schirmherr, „Maskottchen" oder Zugpferd aufbieten zu können, war allen bisher Beteiligten klar, dass die Veranstaltung mehr als ein Grillfest werden würde.

„Servus, i bin's, der Wolfgang", meldete sich eine, Matthias' Meinung nach, ältere Männerstimme am Telefon. Statt einer Antwort auf die Frage Kaahs, mit wem er denn verbunden sei, legte die Stimme nach: „Weißt Du was? Ich bin dabei." Matthias fiel fast aus dem Rollstuhl, in dem der mittlerweile wieder sitzen konnte, als sich herausstellte, dass die Stimme niemand anderem als dem bekannten bayerischen Schauspieler Wolfgang Fierek gehörte. Wolfgang – von Anfang an verstanden sie sich bestens und waren sofort per Du – war also das von Matthias angestrebte „Maskottchen", das in der Folge auch alle DGM-Muskeltour-Veranstaltungen maßgeblich mittrug. Für ihn ganz selbstverständlich – ohne Gage. All' die Jahre, es waren insgesamt zehn Veranstaltungen, stand er unermüdlich an der Seite von Matthias Kaah, eröffnete und schloss – zusammen mit vielen regionalen Repräsentanten, Politikern und Sponsoren – die Veranstaltungen und stand bereitwillig für Fotos und Autogramme zur Verfügung.

Schon beim ersten Event, das noch im Bett geplant worden war, kamen zur Überraschung aller über 700 Motorradfahrerinnen und -fahrer auf den Nördlinger Volksfestplatz, die Kaiserwiese, und in die zusätzlich angemietete sogenannte Ankerhalle, um zu feiern, aber nicht zuletzt auch, um die Initiative Kaahs zu unterstützen. Das Konzept kam an und verlief im Prinzip immer nach dem bewährten Muster: Nach dem vormittäglichen Get-Together und einem Weißwurstfrühstück nebst Biker-Sound vom Band ging es über Kaffee, Kuchen und die Grußworte schleichend zum Street-Food-Mittagstisch über, bevor es ab kurz nach 13.00 Uhr „ernst" wurde. Der Konvoi stellte sich auf, drehte am meist zahlreichen, schaulustigen Publikum vorbei durch Nördlingen ein paar Runden und nach knapp einer Stunde kam der ca. 5 Kilometer lange Tross im jeweils anvisierten Zielort – jedesmal natürlich ein anderer und auf einer anderen Strecke – an, wo es nochmals Ansprachen, Spendenübergaben und die Verleihung des DGM-Muskeltour-Wanderpreises gab. Danach Rückfahrt auf die Nördlinger Kaiserwiese, wo im Laufe des Abends in aller Regel mit Life-Bands die Post abging. Spätestens gegen 1.00 Uhr war aber Schluss.

Eine Nördlinger Kolumnistin ließ es sich nicht nehmen, anlässlich der Muskeltour 2017 geradezu überschwänglich zu kommentieren: „Bikes, Trikes, Quads und Seitenwagengespanne – soweit das Auge blicken kann! 13:50 Uhr, es ertönt ein Böllerschuss – 13:55 Uhr, ein weiterer – 14:00 Uhr, ein Böller-Reigen erschallt und der Sound von 700 Bikes sowie rund 15 Begleitfahrzeugen zerreißt die Stille! Aufbruch zur DGM-Muskeltour! Das Funkeln in den Augen der gehandicapten Menschen, die im Cabrio mitfahren konnten, das Strahlen der Gesichter der Kinder, die noch nie zuvor so etwas erleben durften sowie der Stolz der Bikerinnen und Bikern auf ihre Maschinen – all dies machte den Start zum Gänsehaut-Feeling! ... Auf besondere Ladung des Landrates aus dem benachbarten Ostalbkreis führte der Konvoi aus dem bayerischen Nördlingen in die rund 30 Kilometer entfernte, malerische Stadt Ellwangen. Eine zu großen Teilen in zwei Bundesländern stattfindende Konvoiausfahrt war in den vergangenen Jahren immer mit sehr großem organisatorischen Aufwand und Barrieren verbunden – deshalb kaum durchführbar. Doch in diesem Jahr wurde es Realität. Bevor sich der etwa 5 Kilometer lange Konvoi auf die Strecke von 98 Kilometern unter dem Begleitschutz der baden-württembergischen

Polizei durch das „Ländle" schlängelte, eröffnete Wolfgang Fierek zusammen mit dem Oberbürgermeister der Stadt Nördlingen und dem Vorsitzenden des Vereins um 13 Uhr die Veranstaltung ... Bei Hähnchen, Spießbraten, Würstchen und Flammkuchen feierten die Teilnehmer auf der Kaiserwiese eine gelungene Veranstaltung. DJ und Radiomoderator Christof Öhm heizte den Besuchern noch mit Rock-Classics ordentlich ein. Gegen 20 Uhr endete die Veranstaltung mit dem Resümee, keine Zwischenfälle oder Unfälle, aber dafür strahlende und zufriedene Besucher gehabt zu haben."

Was damals noch niemand wusste: Es war die letzte Zusammenkunft dieser Art. Drei Jahre später machte die Pandemie der bereits fertig geplanten Tour einen Strich durch die Rechnung. Wieder einmal war es dann Regina, die trotz aller Widrigkeiten über den Tellerrand blickte, das Motto „Geht nicht, gibt's nicht" ausgab und vorschlug, die Muskeltour dann eben digital durchzuführen. Zusammen mit ihrem Partner Markus Bosch und dessen Agentur „Digitale Ikonen" entwickelte sie mit unglaublicher Energie, Know-how und einem Netzwerk von Partnern ein Konzept: unter anderem wurden für die geplante Strecke digitale Tourdaten für Navigationsgeräte bereitgestellt, es wurden online Tickets an Bikerinnen und Biker verkauft, die ihre Teilnahme mit Fotos und Videos auch digital belegen konnten. In den Jahren davor lebte die Tour von einem gemeinsamen Konvoi und der immer turbulenten Abschluss-Show. Zu diesem Termin war es dann eben, aber auch auf unvergessliche Art, anders.

Motorradclubs und Vereine schlossen sich zusammen und sind gemeinsam gefahren, manche, wie auch Regina und Markus, sogar auf das Fahrrad gestiegen. Viele haben an den vom Orgateam empfohlenen landschaftlichen Highlights pausiert oder eben die angefahrenen Städte besucht. Die meisten waren begeistert und der Verein selbst hatte als Veranstalter den größten Reinerlös aller Zeiten. Für diese grandiose Idee bekam Regina 2020 schließlich auch den Wander-Ehrenpreis verliehen. Mit diesem wurden jährlich Personen ausgezeichnet, die sich um die Belange muskelkranker Menschen besonders verdient gemacht haben.

Längst war aus der Einzelveranstaltung der Verein DGM-Muskeltour e. V. geworden und die Veranstaltung zum Kult. Jedes Jahr wurde der Aufwand größer. Auch die Kosten explodierten, der Vorlauf machte immens viel Arbeit und die behördlichen Auflagen wurden restriktiver. Gleichzeitig wollten sich immer weniger ehrenamtliche Helfer den enormen Aufwand antun. Die Konsequenz für Matthias und seinen Verein: Aufhören, wenn es am Schönsten ist.

REICHTUM IST EINE INNERE ANGELEGENHEIT

„Wenn wir uns einig sind, dass wir dem Verdacht nachgehen wollen, ob Wolkov oder seine Firma etwas mit Marvins Tod zu tun haben", meinte Regina, als sie beim nächsten Dienst mit Matthias auf das Thema zurückkam, „dann haben wir nur eine Chance. Wir müssen mit der für Dich zuständigen Pflegedienstleiterin sprechen."

„Und was willst Du ihr sagen? Ihr Chef ist ein Mörder! Können Sie uns helfen, ihn zu überführen?"

„Warum bist Du so sarkastisch?"

„Ich habe mir auch intensive Gedanken gemacht. Aber mir ist bisher kein Weg eingefallen. Über die Pflegedienstleitung geht es nicht."

„Wieso nicht? Wir müssen ihr doch nicht auf die Nase binden, welchen Verdacht wir haben."

„Wie willst Du das verhindern? Wir müssen ihr doch konkrete Fragen stellen und sie vielleicht sogar ins Vertrauen ziehen."

„Gerade das würde ich nicht tun. Ich glaube, wir müssen über die Schiene weibliche Intuition gehen."

„Und die wäre in diesem Fall?"

„Ihr Vertrauen gewinnen, immer ein paar private Worte über den rein beruflichen Kontakt hinaus wechseln, vielleicht sogar etwas zusammen unternehmen."

„Das würdest Du tun wollen?"

„Von Wollen kann keine Rede sein. Ich sehe darin die einzige Chance, etwas Einblick in die Betriebsabläufe zu bekommen. Für einen Hackerangriff haben wir weder das Wissen, noch die Mittel."

„Das stimmt schon. Was schlägst Du vor?"

„Ich habe recherchiert. Tatsache ist, dass die Kostenträger für Intensivpflege wie für Dich im Monat bis zu 30.000 Euro zahlen. Für Missbrauch liegt schon allein in dieser Zahl ein hohes Potential."

„Aber das muss doch alles – wir sind hier in Deutschland! – so wie bei uns minutiös belegt werden."

„Im Prinzip ja. Bekannt ist aber auch, dass weder die Kassen noch der Gesetzgeber das Personal oder die Möglichkeiten haben, alle gesetzlichen Vorgaben akribisch zu überprüfen. Noch dazu muss ja jede Kontrolle angemeldet werden. Das öffnet dem Betrug Tür und Tor."

„Wie gesagt, es gibt eigentlich nur Stichproben. In Insiderkreisen wird sogar gemunkelt, dass hier leichter illegal Geld zu verdienen ist, als im Drogenhandel."

„Ich fasse es nicht."

„Und das ist ja nicht alles. Da werden zum Beispiel Pflegeleistungen abgerechnet, die gar nicht erbracht werden. Es werden vorgeblich teure Fachkräfte beschäftigt und den Kassen in Rechnung gestellt, für Arbeiten, die nur billige Arbeitskräfte erledigen müssen, die auch noch schlecht bezahlt werden."

„Hier bei uns ist das aber gar nicht möglich, diese Arbeiten können doch nur wirklich examinierte Menschen, oder hochmotivierte, super eingearbeitete Quereinsteiger, erledigen – schon von der Technik her."

„Schon klar, aber es gibt ja eine riesige Grauzone. Das geht vom einfachen Waschen bis zu hochkomplexen

Arbeiten, die für Menschen wie Dich, bei falscher Handhabung, schlichtweg lebensgefährlich sind."

„Verstehe."

„Es gibt hunderte, wenn nicht tausende, inzwischen belegte Fälle, dass Mitarbeiter nur auf dem Papier beschäftigt sind, die wirklich nichts zu tun haben. Sondern nur dazu da sind, einmal im Monat vorbeizukommen und fingierte Leistungsbescheide zu unterschreiben."

„Wo weißt Du denn das alles jetzt so schnell her?" Kaah war sowohl fasziniert von Reginas Recherchen, als auch angewidert von den geschilderten Praktiken.

„Du musst nur lange genug im Internet suchen. Da findest Du erschreckend viele Beispiele. Es geht ja noch weiter: Da werden Ärzte bestochen, welche die Einstufung der Pflegegrade vornehmen und so weiter und so fort. Ich könnte Dir noch eine ganze Reihe möglicher Betrugsformen aufzählen."

„Das macht mich fassungslos. Mein Gott, man weiß ja, dass hin und wieder verschoben wird, aber in dieser Tragweite?"

„Ich habe das alles von seriösen Quellen, Süddeutsche, Die Zeit, Deutschlandfunk ... es ist ein Wahnsinnsmarkt. Man spricht davon, dass es nicht nur ein Millionengeschäft ist, sondern durchaus in die Milliarden geht, mindestens in den dreistelligen Millionenbereich. Allein in Deutschland."

„Oh Gott. Kein Wunder, dass sich da die schwarzen Schafe zum Grasen eingefunden haben. Traust Du das unserem Dienstleister zu?"

„Ich weiß es wirklich nicht. Aber lass' mich noch schnell ein Beispiel nennen: Wohngemeinschaften, mit mehreren gehandicapten Personen. Da lassen sich spielend etliche Beatmungsgeräte abrechnen, obwohl nur eins zur Verfügung steht. Wenn jeder von den Klienten eine andere Kasse hat, ist das für Betrüger ein Elfmeter ohne Torwart."

„Ernsthaft?"

„Todernst, muss man da fast schon sagen. Da geht in einer solchen Wohngemeinschaft ja noch viel mehr, wenn man engagiert zu Werke geht. Man braucht nur etwas Fantasie und kriminelle Energie. Ein oder zwei Porsches sind damit schnell mal drin."

„Also traust Du Wolkov so was doch zu?"

„Das will ich nicht sagen. Wenn wir in der Großstadt wären, würde ich schon stark dazu tendieren. Aber bei uns auf dem Land muss das über kurz oder lang auffallen. Ich glaube kaum, dass es hier bei uns geht."

„Denke ich auch. Und sein Laden hat ja einen durchaus guten Ruf. Und wir sind ja auch zufrieden mit ihm und seinen Mitarbeitern."

„Ja", Regina klang jetzt entschlossen, „das kommt erschwerend hinzu. Aber gerade deshalb suchen wir uns jetzt eine oder einen raus und testen, ob man intern etwas darüber weiß."

„Regina, echt, Du bist unbezahlbar." Matthias war mehr als angetan vom Engagement seiner Mitarbeiterin.

„Ich weiß", sagte sie und zeigte wieder einmal ihr strahlendes Lächeln, das allein schon Matthias Kaah immer wieder neuen Lebensmut gibt.

PAPIER GEGEN LEBEN

Karin Licht war die für Matthias Kaah zuständige Pflegedienstleiterin in Wolkovs Unternehmen. Sie wäre doch die
geeignete Zielperson, um an Internas zu kommen, dachte er. Matthias schlug Regina diese Frau vor und hatte
auch gleich eine Idee, wie Regina möglichst unauffällig
näher in Kontakt mit ihr kommen könnte: „Wir haben doch
Karten für das Tina-Musical in Stuttgart", Matthias war
ganz aufgeregt, als er seiner Mitstreiterin von seinem Plan
erzählte, „und ich weiß, dass die Frau Licht ganz begeistert war, als wir ihr damals von unserem Tina-Turner-Kon-
zertbesuch erzählt haben."
„Du hast recht. Sie hat immer erzählt, wie gern sie die
auch einmal live gesehen hätte."
„Und wenn ich jetzt, aus irgendwelchen Gründen, zu diesem Musical-Termin nicht kann?"
„Du meinst ...?"
„Ja, ich meine ... Dann könnten wir ihr doch eine große Freude machen, wenn wir ihr meine Karte einfach schenken."
„Das wäre tatsächlich eine völlig unverfängliche Möglichkeit, um näher an sie heranzukommen." Regina war über-
zeugt.
„Du würdest statt meiner mit ihr da hinfahren, vorher im
SI schick mit ihr essen gehen. Dann schaut ihr Euch das
Musical an und verbringt einen entspannten Abend zu-
sammen. Ich lade Euch ein!"
Obwohl Matthias sehr gerne selbst ins Musical gegangen
wäre, war es ihm jetzt wichtiger, über diese Frau Licht

vielleicht an Informationen zu kommen, die unter Umständen Aufschlüsse über mögliche Ungereimtheiten in Wolkovs Unternehmen zulassen würden.

Groß war das Opfer schon, das er dafür aufbrachte. Denn Live-Konzerte oder große Musicals waren schon immer absolute Höhepunkte für Matthias Kaah gewesen. Nirgendwo hatte er durch seine Handicaps mehr Vorteile als in großen Hallen oder generell bei großen Veranstaltungen. In aller Regel war dort Barrierefreiheit garantiert, genauso wie ein Platz für ihn und seine Begleitung in der ersten Reihe. John Bon Jovi, eben Tina Turner, Michael Jackson, aber auch die Kelly Family hatte er so hautnah erleben dürfen. Besonders Unheilig, die Band seines Lebens, hatte er schon ein Dutzend Mal live erlebt. Nicht von ungefähr lautete sein Lebensmotto „Geboren um zu leben", das er sich von seiner absoluten Lieblingsband ausgeborgt hat. Mehr noch, er hat es sich sogar als Tattoo auf seinen Unterarm stechen lassen. Doch auf „Tina. Das Musical" verzichtete er in dieser Situation gerne.

Karin Licht freute sich gewaltig über die unverhoffte Einladung. Sie sah es als Wertschätzung ihrer Arbeit und die ihres Teams für Kaah. Regina holte sie mit ihrem Auto von zu Hause ab. Die Frau hatte extra zwei halbe Tage Urlaub eingereicht, damit die beiden vor dem Event stressfrei nach Stuttgart fahren konnten und sie am nächsten Morgen nicht in aller Frühe die Eindrücke des vorangegangenen Abends dem stressigen Alltag opfern musste. Sie hatte sich mächtig in Schale geworfen, Regina hätte sie beinahe nicht erkannt, wie sie im bunt geblümten Sommerkleid, Handtäschchen und mit hohen Schuhen vor ihrem Wohnblock an der Straße stand. Mit einem aufgeregten „Hallo Regina", platzierte sie sich auf den Beifahrersitz, „vielen Dank für die großzügige Einladung. Ich bin sowas von aufgeregt, ich kann Ihnen gar nicht sagen, wie. Oder ... oder darf ich ... sollen wir Du sagen?"

Regina war überrascht, wie anders Karin Licht wirkte, wenn sie mal nicht in ihrer Pflegedienst-Uniform steckte. Und wie anders sie auch wirkte. Sie legte gleich mit dem Gespräch los, das sich eigentlich Regina vorgenommen hatte: „Wie lange sind Sie, oder bist Du, denn schon bei Herrn Kaah?"

„Es sind jetzt schon über 14 Jahre. Über 5 Jahre in Vollzeit. Davor waren es 8 Jahre auf Minijob-Basis."

„Ich habe gehört, dass Du Dich im Nördlinger GKU von der Krankenschwester bis in die Betriebsdirektion hochgearbeitet hast."

„Aha", Regina war einigermaßen überrascht, dass die Frau so genau Bescheid wusste. „Darf ich fragen, woher Du das weißt?"

„Na ja, in der Szene kennt man sich halt. Das weißt Du ja auch. Und da wird halt drüber geredet, dass niemand so recht versteht, warum Du einen Job im öffentlichen Dienst einfach so aufgegeben hast – für eine doch relativ unsichere 24-Stunden-Betreuung in Vollzeit."

„Wie kommst Du auf relativ unsicher?"

„Wenn jemand so beeinträchtigt ist, wie Herr Kaah, kann – oder muss – man doch jederzeit mit allem rechnen?"

„Du meinst, es könnte jederzeit zu Ende sein?" Regina hatte einerseits keine Lust, sich auf solch eine Diskussion einzulassen. Andererseits wollte sie ja das Vertrauen von Karin gewinnen. Da musste sie jetzt durch. „Freilich kann man das nicht ausschließen. Aber auf Prestige-Karriere habe ich noch nie großen Wert gelegt. Mir geht es um Werte bei meiner Arbeit."

„Und die siehst Du bei Herrn Kaah?"

„Auf jeden Fall. Er ist eine unglaubliche Persönlichkeit. Ein Kämpfer. Noch dazu klug und reflektiert. Man kann nur von ihm lernen, in jeder Beziehung. Ich habe allergrößte Hochachtung vor ihm."

„Sie haben - sorry - Du hast doch schon vorher bei ihm in Teilzeit gearbeitet. Hättest Du da nicht zweigleisig fahren können? Öffentlicher Dienst plus Werte?" Frau Licht wollte es aber wirklich ganz genau wissen.

„Ich fahre ja zweigleisig. Aber halt anders." Sie waren inzwischen schon auf der Autobahn Richtung Ulm, Regina wählte den einfacheren Weg nach Stuttgart. Sie wollte sich ja unterhalten und nicht auf direktem Weg über Landstraßen fahren.

„Wie anders? Wie soll ich das verstehen?" Frau Licht schien wirklich interessiert.

Regina lachte. „Das war so: Ich bin ja von der Stationsarbeit auf der Unfallchirurgie ins Qualitätsmanagement gewechselt und schlussendlich in der Betriebsdirektion angekommen. Und da war Marketing ein großes Thema und hat mich von Anfang an fasziniert."

„Na also, wäre ja alles paletti gewesen."

„Wenn ich nicht an Weiterbildungen an der Münchener Marketing Akademie zum Online- und Social-Media-Marketing-Manager teilgenommen hätte."

„Was war da so verkehrt dran?"

Regina musste wieder schmunzeln. „Nichts. Rein gar nichts. Im Gegenteil. Ich habe bei dieser Gelegenheit meinen jetzigen Lebensgefährten kennengelernt."

„Ach wirklich? Das ist ja nett!"

Regina musste sich kurz darauf konzentrieren, weil sie von der A7 runter und auf die Autobahn nach Stuttgart wechseln musste: „Er hat sich damals gerade mit seiner Online-Marketing-Agentur selbstständig gemacht ... das war der ideale Einstieg für mich. Und seitdem ist er eine echte Bereicherung für mein Leben, meine Entwicklung. Und vor allem, er ist meine große Liebe. Er ist einfach auf allen Ebenen das größte Geschenk in meinem Leben und immer für mich da."

„Oh wie schön und romantisch!" Karin Licht schwelgte geradezu in pilcherischer Rührung, „so etwas würde ich mir auch wünschen." Kleine Pause, dann fügte sie hinzu: „Und jetzt lebt und arbeitet ihr zusammen?"

„Ja, ich liebe die Arbeit, kurze Dienstwege und schnelle Ergebnisse, die mir persönlich einen Mehrwert bieten." Regina überlegte kurz, ob sie ihr noch mehr darüber erzählen sollte. Warum nicht! „Davor bin ich allerdings längere Zeit nach Thailand gefahren, ich bin ja schon immer gerne um die Welt gereist. Bei meiner Rückkehr war mir dann allerdings klar, das ist es nicht mehr im Krankenhaus. Meine Zeit dort war für mich endgültig abgelaufen."

„Alle Achtung. Ich glaube, ich könnte das nicht. Das würde ich mich nicht trauen. Was hat denn Dein Umfeld dazu gesagt?"

„Ehrlich gesagt, die meisten haben es nicht verstanden. Manche haben mich für verrückt erklärt. Häufig werden Pflegerinnen und Pfleger sogar als „Pflegedummchen" bezeichnet. Aber damit kann ich leben."

„Und? Hast Du es nicht bereut?"

„Keine Sekunde, wie gesagt. Aber jetzt mal anders herum gefragt: Wie gefällt es Dir denn bei Deinem Chef, Herrn Wolkov?" Endlich hatte Regina es geschafft, mal den Spieß rumzudrehen.

„Mir gefällt es sehr gut. Ich bin ja nun schon dabei, seit er hier im Donau-Ries ist, seit fünf Jahren. Ich habe großen Respekt vor dem, was er hier aufgebaut hat. Aber andererseits… Offen gestanden, ich habe irgendwie Angst vor ihm."

„Du hast Angst vor ihm?"

„Na ja. Er ist schon eine sehr dominante, aufbrausende Persönlichkeit. Du kennst ihn doch auch."

„Ja, ich habe ihn ein-, zweimal gesehen. Er ist nicht gerade das, was man unter einem Sympathieträger versteht." Regina wollte nicht direkt die Wahrheit sagen, das Wort Kotzbrocken war ihr aber schon auf der Zunge gelegen.

„Ja, das meine ich. Mir macht der Typ Angst. Und wäre seine Frau nicht gewesen, ich hätte nicht bei ihm angefangen."

„Mir kommt gerade sie echt affektiert vor."

„Du meinst wohl, weil sie so aufgetakelt ist und an sich machen lässt, was die Schönheitschirurgie her gibt?" Karin grinste. „Darüber machen sich bei uns fast alle lustig. Aber als Chefin ist sie echt klasse."

„Das wundert mich. Ich hätte sie ganz anders eingeschätzt."

„Sie hat's wirklich drauf. Kann gut mit Leuten, behandelt die Angestellten gut, sie zahlt ordentlich und pünktlich. Ich kann mich nicht beklagen."

„Sie schmeißt also den ganzen Laden?"

„Und wie. Sie achtet wie Zerberus darüber, dass alles akkurat läuft. Der entgeht nichts. Weder Leistungsnachweise, noch Tank- oder Arzneimittel-Belege, alles muss auf und über ihren Tisch. Sie vergisst nichts. Echt faszinierend."

„Aber sowas will man doch, wenn man dort arbeitet. Da weiß man, dass alles korrekt läuft." Regina konnte es nicht glauben. Sie wollte es nicht glauben.

„Hundertprozentig. Ich habe noch nie ein Unternehmen erlebt, dass so akribisch auf die Einhaltung aller Regeln achtet."

„Und es wird nie über die Bürokratie gelästert?"

„Nein, tatsächlich nicht. Ich glaube, die Wolkov ist mehr Buchhalterin und pedantischer als die Prüfer, die ab und zu bei uns hereinschneien. Jedenfalls ist, meines Wissens, noch nie irgendetwas beanstandet worden."

„Unglaublich."

„Allerdings. Er sieht aus wie ein Obermafiosi und sie wie seine Gangsterbraut. Aber ihren Laden führen sie wie das Finanzamt. Ist schon irgendwie schräg.

Regina war enttäuscht. Sie hatte sich den Abend ergiebiger vorgestellt. Im Grunde genommen hatte sie gehofft, dass Karin Licht auspacken würde, so auspacken, dass Matthias und sie selbst nur noch die Beweise ordnen und dann den Täter – wofür auch immer – dingfest hätten machen können. Statt dessen himmelte Karin sie schon nach dem ersten Glas Wein im San Marco, dem Pizza & Pasta-Bistro, das sie vor der Vorstellung besuchten, unverblümt an: „Wie Du das alles angehst, ich muss schon sagen, größte Hochachtung."

Regina war es etwas peinlich, derart bewundert zu werden. Auf der anderen Seite fühlte sich natürlich bestätigt darin, heute so dazustehen. Ihr Lebensgefährte Markus hatte ihr damals den letzten Kick gegeben, sie darin bestärkt, „Papier gegen Leben", wie er sagte, zu tauschen. Seine Feststellung, dass es doch viel wertvoller sei, Menschenleben aufzuwerten, anstatt die von vielen als so erstrebenswert angesehene Büroarbeit im öffentlichen Dienst, hatte ihr damals die Kündigung sehr erleichtert. Und da Markus ein sehr offener und sozialer Mensch ist, wuchs zwischen ihm und Kaah eine echte Freundschaft.

Seitdem ist Regina als Pflegeexpertin für außerklinische Beatmung zu neunzig Prozent im Nachtdienst tätig. Nicht zuletzt durch die langen 12-Stunden-Schichten hat sie schon bei lediglich 13 Schichten pro Monat eine Vollzeitstelle, ohne Überstunden gerechnet. Und dadurch viel Zeit, sich anderen Dingen zu widmen, die sie für ihre persönliche Entwicklung und Weiterbildung nutzt. Frei nach Benjamin Franklin, den sie gerne zitiert, wenn jemand fragt, warum sie denn so gar keine Ruhe gibt: „Die Investition in Wissen bringt immer noch die besten Zinsen." Die lange Liste ihrer Ausbildungen, neben der Gesundheits- und Krankenpflege wird immer länger: TQM-Managerin, Marketing-Managerin, Yoga-Teacher, Ernährungsberaterin, Lauftrainerin, Breath Coach, Life-Designer Body & Soul, Hypnotiseur ...

Ihr zweites Standbein ist das Marketing, der Schwerpunkt Grafik und die Position als Happiness-Manager in der Firma ihres Lebensgefährten, das mittlerweile komplett ortsunabhängig aufgestellt ist, sodass sie beide von überall auf der Welt aus arbeiten können. Ihr als Sonnenkind, das die Freiheit und die Wärme liebt, kommt das sehr entgegen. So hat Matthias Kaah das für ihn eher zweifelhafte Vergnügen, die harten Wintermonate ohne Regina auskommen zu müssen. Während sie sich wahlweise in Mexiko, Thailand, Bali, Malaysia oder Vietnam aufhält. Aber auch dort ist sie für ihn jederzeit erreichbar, sie halten ständig Kontakt, ihren Teamleiterposten nimmt sie auch tausende Kilometer von Utzmemmingen entfernt genauso ernst wie vor Ort. Und außerdem denkt sie immer daran, Matthias wertvolle Nachschub-Pflanzen für seinen Kräutergarten auf dem Riegelberg zukommen zu lassen.

Inzwischen war es so weit, das Apollo-Theater öffnete seine Tore und die beiden neuen Freundinnen konnten den Abend bei perfekt inszenierter Tina-Turner-Musik zusammen genießen. Was zumindest für Karin Licht galt. Für Regina war der Abend zwar auch schön, das Musical rund um die Lebensgeschichte einer Poplegende sehr ergreifend und unterhaltsam, doch vom erwarteten Ergebnis für sie, und wahrscheinlich auch für Matthias, eher enttäuschend zu werten.

ACHTSAMKEIT ÜBER SCHICKSAL

Zu Hause in Utzmemmingen hatte sich derweil Matthias bei seinem alten Kumpel Günther eingeladen. Er war sein Sandkastenfreund, auf ihn konnte sich Kaah verlassen, seit er denken konnte. Sowohl im Kindergarten als auch später in der Schule war Günther stets an seiner Seite gewesen. Er hatte ihm geholfen, wo immer es nötig war und ihn auch oft genug gegen gedankenlose Mobbereien von Mitschülern verteidigt. Auch heute noch trafen sie sich in schöner Regelmäßigkeit, Günther war ein großer Grillfan und zelebrierte sein Hobby gerne und oft. Sobald es das Wetter zuließ, begann bei Günther die Saison. Und er hielt sie so lange am Kokeln, wie das Grillgut nicht auf dem Rost festfror.

Heute hatte Günther sich als besondere Überraschung vorgenommen, Matthias mal auf Griechisch zu begrillen. Er hatte sich Hühnchenfleisch vom Knochen schneiden lassen und es schon am Vortag in Joghurt eingelegt, natürlich mit Knoblauch und allerlei Gewürzen von Majoran bis Rosmarin verfeinert und über Nacht in der Marinade ziehen lassen: „Pollo fino muss man das Fleisch schneiden lassen vom Metzger", erklärte er stolz und ganz der Fachmann, „dann kann man sich ganz einfach einen Drehspieß selber bauen." Und siehe da, er präsentierte den Spieß, oben und unten mit einer Gemüsezwiebel gehalten. Es sah wirklich perfekt aus.

„Und das Beste an der ganzen Sache ist", schwärmte Günther weiter, „dass man sich die Wartezeit mit Ouzo verkürzen muss, damit alles perfekt wird."

„Man muss?" Matthias zweifelte zwar an dieser Theorie, aber er wollte Günther den Spaß nicht verderben. Und schließlich trank er schon auch ganz gern mal einen. Zwischenzeitlich hatte auch Markus angerufen, der schon lange ein Freund von Günther war und den Abend bis zu Reginas Rückkehr gerne mit den beiden bei griechischer Küche verbrachte.

Fast eine Stunde dauerte es, bis Günther sich sicher war, dass mit dem ersten Abschaben des Fleisches begonnen werden könne und es auch genügend abwerfen würde, um die Drei und Matthias Assistentin erstmal halbwegs satt machen zu können. Bis dahin war die Ouzo-Flasche zu gut einem Drittel geleert und die drei Männer, vernünftig wie sie waren, entschieden spontan, um nicht irgendwie zu viel Alkohol abzubekommen, eine Runde Bier einzuschieben.

Die warnenden Blicke seiner diensthabenden Assistentin, die noch nicht so lange bei Matthias war und die Situation nicht wirklich deuten konnte, ignorierte Kaah. Der Abend war zu lustig, als dass er mit kleinlichen Erwägungen belastet werden sollte.

Die zweite Runde Fleisch war genauso köstlich wie die erste gewesen, mit weiteren Gläsern Ouzo und ein wenig Bier wurde die Kunst des Kochs gewürdigt. Und aus dem Lachen kamen die Drei schon lange nicht mehr heraus. Selten hatte Matthias so einen unbeschwerten Abend verbracht.

Als der Spieß leer war, stellte sich heraus, dass die Ouzo-Flasche das gleiche Schicksal ereilt hatte. Zum Glück gab es noch etwas Bier, um die Wartezeit bis Reginas Ankunft zu überbrücken.

Regina war fassungslos, als sie die drei Männer in diesem Zustand antraf. Bei Günther und Markus, das wusste sie sofort, würde der Rausch zwar – hoffentlich und zur Strafe – Nachwirkungen haben, aber für Matthias Kaah bestand, ihrer Meinung nach, akute Lebensgefahr. Dass die Assistenzhilfe nicht rechtzeitig eingegriffen hatte, fand sie unverantwortlich, aber die drei nahmen die Frau gleich in Schutz: „Wir haben uns nicht dreinreden lassen heute Abend. Von niemandem!" Matthias wollte energisch wirken, aber seine Erklärung ging in einem Lallen unter.
Matthias Kaah wusste von diesem Augenblick an nichts mehr. Zum ersten und einzigen Mal in seinem Leben hatte er einen klassischen Filmriss. Den er sich gerne noch ein wenig länger gewünscht hätte, als er dann in der Nacht doch aufwachte und spürte, wie sein Körper gegen den Alkoholexzess rebellierte, die Schmerzen in ihm tobten. Alles tat ihm weh, vor allem der Schädel, der gnadenlos hämmerte. Er schwankte die ganze Nacht zwischen schmerzvollen Halbwachphasen und komatösen Dämmerzuständen. Als der Tag endlich anbrach, war er völlig am Ende. Sein Handicap verwehrt es ihm, aufgrund fehlendem Muskeltonus, zu erbrechen – ganz egal wie übel es ihm ist.

Zwei Tage lang machte sich Matthias Kaah große Vorwürfe, dass er sich so hatte gehen lassen. Die tierischen

Schmerzen, die er während dieser Zeit zu durchleben hatte, sah er als gerechte Strafe für sein Verhalten. Sein dieses Mal selbst herbeigeführtes Leiden erinnerte ihn aber auch an seine unglaublichen Schmerzen, plus an die Ängste, die er bei seiner Operation an der Harnblase im BWK in Ulm gehabt hatte. Auch da hatte er über zwei Tage solch wahnsinnige Schmerzen gehabt, dass seine Erlebens-Erinnerung unter diesem Schmerzteppich so gut wie verschüttet war. Ohne seine damalige Assistentin Anja, der er heute noch für die Unterstützung in dieser Zeit unsagbar dankbar war, hätte er, glaubt er, die Situation nicht überstanden.

Einmal mehr hatte er damals alle Vorkehrungen getroffen, die im Falle seines Ablebens greifen sollten. In den Nächten vor dem Eingriff hatte er kaum geschlafen und als er die letzte Vorkehrung abgewickelt, seinen Hund zu einer Pflegefamilie gebracht hatte, brach die ganze Panik und Angst aus ihm heraus, er weinte hemmungslos. Er wollte nur noch Unheilig hören und am liebsten alles abblasen. Es waren nur noch wenige Stunden. Der Countdown lief bereits.

Matthias Kaah hatte alle Hebel in Bewegung gesetzt, ein OP-Team zu bekommen, dem er voll vertraute. Dennoch war noch einmal, ganz kurz vor der Operation, der Gedanke da, alles abzubrechen: „Schluss. Aus. Warum lasse ich das alles mit mir machen? Warum bin ich nur hier?" Keine Antwort. Es ging los. Rein in den Aufzug, durch die langen Gänge rüber zum urologischen OP und rein in den Vorbereitungsraum. Ein Pfleger und seine Assistentin Anja, die gelernte Fachkraft für den Operationsdienst ist, begleiteten ihn. Anja zog sich um, sie sollte als OP-Schwester assistieren. Sie und ihre strahlend blauen Augen waren sein Rettungsanker, als er auf dem OP-Tisch angekommen war. Der Anästhesist und Facharzt für Beatmung, den Matthias schon mehr als zwei Jahrzehnte kannte, Dr. Wollinsky und wohl Süddeutschlands bester Operateur für Urologie Dr. Straub waren die beiden anderen, die extra aus anderen Krankenhäusern und Städten angereist waren, um seine Angst ein klein wenig zu lindern. Im Ulmer Bundeswehrkrankenhaus kam sich Kaah vor wie ein Prinz, der mit seinem eigenen OP-Team diesen hochmodernen Operationssaal nutzen durfte. Man rollte ihn sanft zur Seite, Dr. Wollinsky hatte den Plan, eine Spinal-Anästhesie zu versuchen.

Die Wahrscheinlichkeit, dass dies gelänge, war aufgrund seiner extrem starken Skoliose kleiner als zehn Prozent. Kaah fühlte sich im sicheren Griff von Anjas Händen geborgen, obwohl er nicht wusste, was hinter seinem Rücken geschah, die lokale Betäubung legte die Empfindungen seiner Haut in diesem Bereich still. Der erste Versuch, den Spinalkanal zu treffen, scheiterte, die Wirbel waren anscheinend zu stark verdreht und zusammengestaucht, die Nadel kam nicht durch. Zwei weitere Versuche. Nichts.

Angst, dass nun doch eine Vollnarkose nötig war, machte sich bei allen spürbar, breit. „Ein letzter Versuch", raunte Dr. Wollinsky und ließ sich eine weitere Spritze reichen. Die Sekunden dehnten sich zu Ewigkeiten. Dann endlich, die Erlösung: „Ich habe Liquor!"

Matthias Kaah wusste zwar zu diesem Zeitpunkt noch nicht, was das bedeutete, aber der Gesichtsausdruck und die Freudentränen in den Augen von Anja signalisierten ihm, dass das schier Unmögliche gelungen war, die Spinalanästhesie. Und die befürchtete Vollnarkose mit Intubation plus möglicherweise ungeahnten Folgen waren ihm erspart geblieben.

Kaah spürte, dass seine Beine und der Bauchraum langsam pelzig wurden, das Mittel wirkte. Als er wieder erwachte, lag er bereits in seinem eigenen Bett im Aufwachraum. Alles schien gut gegangen zu sein. All die bösen Gedanken, die ihn schon Wochen vorher geplagt hatten, weil er die zahlreichen schlechten Erfahrungen auf vorangegangenen OPs natürlich immer im Kopf hatte, waren wie weggeblasen. Er fühlte sich glücklich und zufrieden, obwohl er gleichzeitig unendlich müde war. Schon kurz darauf wurde er aus dem OP-Bereich in sein normales Krankenzimmer verlegt. Alles schien perfekt gelaufen zu sein.

Mit einem „Das gefällt mir nicht", riss ihn ein Pfleger nur wenige Zeit später aus seiner Euphorie, „im Urin ist sehr viel Blut. Das muss sich der Arzt ansehen."

„Nein, bitte nicht. Nein."

Die Ärzte schlugen Alarm, zum Glück war Dr. Straub noch nicht abgereist.

„So können wir das nicht lassen", so sein Statement, „wir müssen nochmal in den OP!"

Es ging zurück in den OP, Anja und Kaah selbst waren den Tränen nahe. Dort warteten jetzt drei Ärzte. Und Glück im Unglück. Dr. Wollinsky konstatierte, dass die spinale Anästhesie vorerst noch ausreichen würde. Eine weitere wäre auch nicht möglich und eine Vollnarkose unumgänglich gewesen. Als Kaah wieder erwachte, war es tiefe Nacht.

„Die Operation hat sehr lange gedauert", sagte Anja, die schon wieder oder immer noch an seiner Seite war, „ein riesiger Blutpfropf musste entfernt und die Blutung großflächig gestillt werden."

Erst in diesem Moment spürte Kaah die entsetzliche Kälte und unbeschreiblich starke Schmerzen. Dr. Wollinsky und die Pfleger taten alles, um die Schmerzen in den Griff zu bekommen, mit Hilfe einer großen Spritze saugte der Arzt Luft durch Kaahs Magensonde. Um während der OP eine Intubation, wie damals in München, unbedingt zu vermeiden, nutzte Dr. Wollinsky Kaahs Nasenmaske, die er auf dessen Gesicht drückte, um ihn mit seinem eigenen Beatmungsgerät zu beatmen. Somit war sichergestellt, dass die Luft vom Beatmungsgerät in der Lunge landete, nachdem der Magen komplett mit Luft gefüllt war. Diese Methode konnte er nur deswegen anwenden, weil er Kaah seit vielen Jahren kannte und genau wusste, wie er aufgrund seines Handicaps arbeiten musste. Kein anderer Arzt hätte diese Vorgehensweise verantworten können.

Wieder einmal war Matthias Kaah dem Tod von der Schippe gesprungen. Wieder einmal verdankte er Menschen, die ihre Arbeit weit mehr als nur perfekt machten, sein Leben. Die Dankbarkeit, die er empfand, als nach Tagen und Wochen etlichen Bluttransfusionen und über einhundert Litern Spülflüssigkeit die Harnblase endlich wieder arbeiten konnte und es ihm von Tag zu Tag besser ging. Anja, Steffi, die Ärzte und seine Familie: Er hatte keine Worte für seine Gefühle, nur diese Namen und grenzenlose Dankbarkeit.

FREIHEIT IST EIN GEFÜHL

Es dauerte einige Tage, bis sich Matthias von Fest und Rausch bei Günther erholt hatte. Alle zusammen machten sich heftige Vorwürfe, dass die Situation so aus dem Ruder gelaufen war. Doch Matthias sah das mit dem Rückgang der Beschwerden immer weniger dramatisch: Endlich hatte er, wie jeder normale Mann auch, mal einen Fetzen-Rausch mit nach Hause gebracht. Dass sich seine Assistentinnen, allen voran Regina, ernsthafte Sorgen um sein Leben gemacht hatten, tat ihm zwar leid, aber es war jetzt nun mal passiert. Diesen Rausch, das Erlebnis das sich im Entstehen beinahe wie Fliegen angefühlt hatte, konnte ihm niemand mehr nehmen. Die harten Tage danach musste er akzeptieren.

Matthias Kaah wusste tatsächlich, wie sich Fliegen anfühlt. Niemals hätte er sich träumen lassen, dass er eines Tages in einem richtigen, wenn auch kleinen Flugzeug sitzen und wirklich abheben würde. Besser gesagt, geträumt hatte er davon schon, aber selbst er hatte nicht daran geglaubt. Ein Passagierflieger war nicht auf sein Handicap und sein Equipment ausgerichtet und jedes andere Flugzeug war im besten Fall zu klein und sowieso viel zu rumpelig, als dass sein Körper und vor allem sein Kopf den Erschütterungen während Start und Landung würden standhalten können. Hatte er geglaubt.
Wolfgang, ein Bekannter an seinem früheren Firmenstandort, der im gleichen Gebäude wie er selbst ein Büro

betrieb, war Hobbypilot. Und er, der mehr zufällig von seinem Traum erfahren hatte, glaubte genau das Gegenteil. Er versprach ihm, es möglich zu machen, dass er mit ihm in seinem Flugzeug einen Rundflug über seine Heimat machen werde.

Mehr oder weniger hinter seinem Rücken wurden die Möglichkeiten abgeklopft, wie Kaah den Umständen entsprechend sicher und unbeschadet solch ein Abenteuer bewältigen könnte. Wolfgang Uhl, ein erfahrener Pilot und Werner Wenhuda, ein ebenso erfahrener Techniker in dem Aalener Sanitätshaus Schad, das Matthias Kaah schon jahrelang betreute, besprachen bei mehreren Treffen bis in kleinste Detail die notwendigen Maßnahmen. Wo kann Matthias sitzen? Und wie? Sein Rollstuhl, auch nicht der kleine Notfall-Schieberollstuhl, passen annähernd in die kleine Kabine. Wie kommt er überhaupt ins Flugzeug – und wieder raus?

Es mussten kreative Lösungen gefunden werden: Werner passte einen Sitz an, der millimetergenau neben dem Pilotensitz in der Maschine platziert werden konnte. Es wurde an einer Vorrichtung gebastelt, eine Art Kran, die Matthias aus seinem Rollstuhl direkt in den Sitz im Flugzeug hieven konnte.

So hing Matthias Kaah, gut verpackt, von der Decke des Flugzeughangars – unter die man ihn vorher gezogen hatte – herab, das Fluggerät wurde unter ihm durchgeschoben und in Stellung gebracht, sodass er in die Kabine herabgelassen werden konnte. Danach wurde Kaah von seinen beiden Assistentinnen Isabel und Steffi, die in die

Vorbereitungen eingebunden gewesen waren und das Abenteuer genauso genossen wie ihr Chef, ordentlich verzurrt, so dass ihn die Erschütterungen während des Fluges nichts anhaben konnten. Steffi setzte sich sogar voller Übermut in den frei gewordenen Chef-Sessel, um selbst einmal erleben zu können, wie es sich anfühlt, damit zu fahren.

„Ready for take off", verkündete Wolfgang Uhl und sah seinen überglücklichen Co-Piloten verschwörerisch an, „dann schauen wir uns mal die Radieschen von oben an!" Matthias genoss die erstaunliche Beschleunigung des doch so kleinen Fluggerätes und war buchstäblich im siebten Himmel, als sie den festen Boden unter sich verließen und immer höher stiegen. Ihm fehlten wieder einmal die Worte, um das zu beschreiben, was er gerade erleben durfte. Wieder einmal war Unmögliches möglich geworden. Unter ihm tauchte das grüne Ries in unbeschreiblicher Schönheit auf, sie überflogen Nördlingen mit seiner kreisrunden Stadtmauer, die Vororte, sie umrundeten den Ipf, den ehemaligen Keltensitz und heutigen Hausberg Bopfingens, sie drehten eine Runde über Schloss Baldern und schließlich grüßten sie von oben mit dem bewusst herbeigeführten Wackeln mit den Tragflächen, seine Heimatgemeinde, den Riegelberg, die Ofnethöhlen. Um dann, für Kaahs Verhältnisse, viel zu schnell wieder zur Landung anzusetzen. Doch dann geschah, nach etwa einer Stunde, etwas völlig Unerwartetes: Wolfgang setzte eine ernste Miene auf und fragte, ob Matthias bereit dazu wäre, über die Wolken zu fliegen. Voller Erwartung kam ein überschwängliches „Jaaa!". Was Kaah dann erlebte, wird er ebenfalls nie vergessen. Über ihm der strahlend blaue Himmel und unter ihm ein Teppich aus Wolken. Einen solchen Anblick jemals erleben zu dürfen, war für ihn unbeschreiblich. „Was für ein Fest!" Matthias konnte seine Tränen nicht zurückhalten. Gerne wäre er der ganzen Welt um den Hals gefallen, aber nicht einmal bei seinen heutigen Gönnern war ihm das möglich. Es war nicht oft der Fall, dass er sein Handicap hasste. Nach diesem Erlebnis allerdings – mal wieder – schon. Als man ihn aus dem Flugzeug in seinen gewohnten Rollstuhl gesetzt hatte, war er ganz still. Und verharrte minutenlang, bevor er allen Flugbegleitern so danken konnte, wie sie es verdient hatten.

Was viele Außenstehende nicht verstanden, war der Umstand, dass Matthias Kaah tatsächlich nur in sehr seltenen Fällen in seinem Leben sein Handicap hasste. In seiner Pubertät gab es natürlich Phasen, die alle Jugendliche ohne jegliche Einschränkung oder Behinderung genauso durchleben. Ein oder zweimal, wenn ein Mädchen, das ihn interessierte, nicht auf ihn angesprochen hatte. Ein anderes Mal, als seine erste echte Beziehung in die Brüche ging und er nicht objektiv urteilte, sondern das Scheitern auf seine Behinderung kaprizierte. Aber es gab einen Moment, der zeigt, wie eingespielt seine Zusammenarbeit mit Regina war und ist, und den Kaah nach wie vor als einen Moment bezeichnet, den er niemals im Leben vergessen wird. Es war ein Treffen mit ihr in einem Biergarten, damals sollten weitere Details zu seiner Autobiografie besprochen werden: Matthias war, wie meistens, frühzeitig mit seiner Assistentin angereist. Peter war noch nicht da, als Regina mit ihrem Fahrrad die Straße entlang gefahren kam. Matthias sah sie schon aus der Ferne und freute sich auf ihr Kommen. Denn sie hatte sich an ihrem freien Tag extra für einige Stunden selbst eingeteilt, damit unter sechs Augen der Fortgang des Kriminalromans besprochen werden konnte. Regina fuhr um die letzte Kurve, übersah dabei wohl den allzu locker geschotterten Weg. Sie hörten dann nur noch einen Schlag und ein schmerzerfülltes Stöhnen nach Reginas Sturz. Dieses Geräusch ging ihm durch Mark und Bein, ihm war sofort klar, dass es kein harmloser Sturz war. Kaahs Begleiterin rannte sofort los, um nach Regina zu sehen. Matthias saß endlos scheinende Augenblicke lang alleine am Tisch, ohne Beistand oder Hilfe leisten zu können. Da war ein für ihn so wichtiger Mensch gestürzt, lag wohl schwer verletzt am Boden und er konnte nichts weiter tun als abwarten... In diesem Augenblick hasste er seine Behinderung wie nie im Leben zuvor und begann zu weinen.

Regina ist hart im Nehmen und stand nach wenigen Minuten wieder halbwegs stabil auf ihren Beinen. Einen Arzt verweigerte sie und wollte partout ihren Dienst antreten. nachdem er sich beruhigt und sich – als Arbeitgeber – von ihrer Dienstfähigkeit überzeugt hatte, blieb die gesamte vereinbarte Zeit bei ihm, klaglos. Erst am späten Abend stellte sich dann in der Notaufnahme heraus, dass sie ihren Ellenbogen gebrochen und ein paar Rippen beleidigt hatte. Die kommenden Wochen durfte sie eingeschränkt mit Oberarmgips und schmerzenden Rippen, als sehr sportliche und abenteuerlustige Weggefährtin, eine kleine Kostprobe davon haben, „gefangen im eigenen Körper" zu sein.

Das Thema Dienstfähigkeit, versprach er sich daraufhin selbst, wollte er in Zukunft etwas hartnäckiger hinterfragen.

„Und Du bist Dir ganz sicher, dass bei Wolkov alles sauber abläuft", fragte Matthias ungläubig und einigermaßen enttäuscht über das Ergebnis von Reginas Stuttgart-Ausflug. Sie hatten sich extra nochmals getroffen, um sowohl Ergebnis als auch das weitere Vorgehen persönlich besprechen zu können.

„Es tut mir ja selbst leid, dass ich nichts anderes herausbekommen habe." Regina war sichtbar ernüchtert.

„Meinst Du, Frau Licht steckt in der Sache mit drin und hat Dich hinters Licht geführt", fragte Matthias ernst und musste gleich darauf grinsen, als er die Wortspielerei bemerkte.

„Nein, ich glaube nicht. Sie klang wirklich überzeugend."

„Es kann ja sein", mischte sich Reginas Partner mit in die Diskussion, „dass die beiden Geschäftsführer ihre Geschäfte derart hermetisch abschirmen, dass ein Außenstehender nicht im Entferntesten darauf kommt, dass irgendwo im Unternehmen etwas faul sein könnte." Bei dem Wort „Geschäfte" bemühte er mit beiden Händen auffallend die Gänsefüßchen-Geste.

„Wir müssen tiefer gehen", konstatierte Matthias, „der ist sicherlich viel gerissener als wir denken können."

„Du hast Dich aber sauber auf ihn eingeschossen!" Markus wollte zwar warnen, aber auch er konnte dem Märchen von der komplett blütenweißen Weste nicht wirklich Glauben schenken.

„Wie können wir tiefer gehen?"

„Ich schlage vor, wir drei, wenn Ihr damit einverstanden seid, teilen uns auf." Kaah bestand darauf, jetzt einen Zahn zuzulegen. „Ich habe die besten Kontakte zu Pflegediensten. Wie wäre es, wenn ich dieses Thema im Hinblick auf Wolkov mal näher beleuchte."

„Ich könnte bei den Sozialstellen nachfragen." Regina hatte sofort begriffen, worauf Kaah hinaus wollte. „Und Du Markus, könntest Deine Kontakte zu Steuerbehörden nutzen. Du hast doch diese Steuerberater-Kunden. Die haben doch ihre ganz speziellen Quellen, wenn die an steuerliche Dinge kommen wollen. Und wissen doch, welche Unternehmen wirklich unbeschriebene Blätter sind."

„Okay. guter Vorschlag. Lasst uns das versuchen."

DAS STREBEN NACH GELD, AUTOMATION UND SEINE FOLGEN

Telefon. Marvins Mutter meldete sich. Matthias bemerkte sofort, dass sie völlig durch den Wind war. Sie kam sofort, ohne sich mit irgendwelchen Floskeln aufzuhalten, auf den Punkt: „Stellen Sie sich vor, da hat jemand angerufen, der von Marvin Geld will."

„Was für Geld? Weiß er gar nicht, dass Marvin tot ist?" Matthias hätte sich ohrfeigen können, dass er gleich Marvins Tod mit in die Frage eingebaut hatte. „Entschuldigung, ich wollte nicht pietätlos sein."

Marvins Mutter hörte weder die Frage noch die Entschuldigung. „Er sagt, Marvin hätte ihm Geld versprochen."

„Wofür denn? Haben Sie das auch gefragt?"

„Nein, wir waren so aufgebracht und durcheinander, dass wir beim ersten Mal sofort aufgelegt haben."

„Beim ersten Mal? Heißt das, er hat sich nochmal gemeldet?"

„Ja, heute. Und deswegen rufe ich auch an. Ich verstehe nicht, was er von uns will. Und er weiß ja nicht mal, dass Marvin nicht mehr lebt."

„Wie kann ich Ihnen helfen? Haben Sie wieder aufgelegt?"

„Nein. Diesmal nicht. Wir haben eine Handynummer bekommen. Ich habe ihm gesagt, wir rufen zurück."

„Uns Sie meinen jetzt, ich soll das machen?"

„Das wäre uns sehr recht. Ich kann nicht reden, wenn es um Marvin geht. Ich will auch gar nicht. Schon gar nicht, wenn man so etwas Unverschämtes über Marvin sagt. Und was jemand von Marvin wollen kann, verstehe ich sowieso nicht." Die Frau war so aufgebracht, dass Matthias mehrere Anläufe brauchte, um ihr klarzumachen, dass er ihr selbstverständlich helfen, dass er selbstverständlich da anrufen werde. Und dass er dazu nur noch die Telefonnummer bräuchte.

„Ach ja, entschuldigen Sie. Habe ich ganz vergessen in meiner Schussligkeit", sagte sie und rückte dann mit der Nummer heraus.

Matthias sah sich gezwungen, schon wieder eine Vollversammlung einzuberufen. Regina und Markus waren sofort zur Stelle und entschieden mit ihm zusammen, erst einmal dem Kontakt mit dem Geldforderer nachzugehen, bevor man sich auf die komplizierten Verfahren der verdeckten Ermittlung bei den Behörden zu versteifen.

Matthias entschloss sich, sofort bei der Nummer anzurufen, er stellte den Anschluss auf laut, damit die beiden mithören konnten. Er wählte per Computer über seinen Rollstuhl.

„Hallo?"

„Auch hallo. Wer ist dran?" Das konnte Matthias besonders gut leiden: wenn sich jemand nur mit hallo meldete.

„Meik hier."

„Welcher Mike?"

„M...E... I...K! Was ist daran so schwer?"

„Nichts, danke. Wollte nur sicher gehen. Ich bin Matthias, ein Freund von Marvin."

„Okay. Wenigstens das. Hat er keine Eier, sich selbst zu melden, oder was?"

„Warum? Was hast Du für ein Problem mit ihm?"

„Ich krieg' noch Kohle. Und warum geht er nicht ans Handy und ruft selber an?" Der Typ wirkte auf Kaah extrem unsympathisch, hatte aber ganz offensichtlich keine Ahnung von Marvins Schicksal.

„Wofür bekommst Du Kohle von ihm?"

„Das geht Dich gar nix an", blaffte der Mensch ins Telefon, „und Du kannst ihm ausrichten, wenn er sich nicht meldet, wird er mich kennenlernen. Wo ist der Kerl überhaupt?"

„Marvin ist tot!"

„Was?" Das Entsetzen am anderen Ende war deutlich zu spüren. „Echt jetzt?"

„Ja, echt. Leider."

„Wie ist das passiert?"

„Bevor ich Dir das erzähle, will ich wissen, wofür Du Kohle von Marvin bekommst."

Stille in der Leitung. „Ach nichts Besonderes. Wir haben öfter Fortnite gezockt und da hätte ich halt noch Kohle von ihm gewollt." Die Antwort hatte so lange gedauert und die Ausrede war so windig, dass Matthias Kaah ihm auf den Kopf zusagte, er soll ihn nicht so dreist anlügen.

„Von wieviel Geld sprechen wir?"

„1000 Euro."

„Tausend Euro für Fortnite-Gimmicks? Verarschen kann ich mich selbst."

„Ich kann nicht sagen wofür." Meiks Stimme klang jetzt so gar nicht mehr aggressiv. Er wirkte betroffen und schien auch ängstlich zu sein. „Wie ist Marvin gestorben?"

„Er ist in einen Steinbruch gestürzt", sagte Matthias, „und im Gegensatz zu den Behörden glauben wir, dass jemand nachgeholfen hat."

„Oh Fuck. Das ist ja schrecklich."

„Das stimmt. Aber noch schrecklicher wäre es, wenn das in Zusammenhang mit den 1000 Euro stünde." Matthias ging volles Risiko.

„Wie meinst Du das?"

„So wie ich es sage." Matthias bohrte weiter. „So wie ich Marvin kennengelernt habe, ist er ein durch und durch ehrlicher Typ. Und wenn er Dir 1000 Euro schuldet, warum auch immer, steckt mehr dahinter."

„Nein ... äh ... wirklich, ehrlich nicht."

„Ach komm. Hör doch auf. Erzähl' mir keinen Mist. Ich glaub' Dir kein Wort." Matthias wurde jetzt richtig laut: „Ihr habt Euch auf irgendwas, vielleicht sogar krumme Geschäfte, eingelassen. Mit Eurer Zockerei hat das doch nichts zu tun. Ich bin doch nicht blöd. ... Woher kennt Ihr Euch eigentlich?"

„Na vom Zocken."

„Ach so, Ihr seid Fortnite Buddies?"

„Ja. Und dann haben wir halt auch immer gechattet, so als Gamerkumpels."

„Wo kommst Du denn her?"

„Aus Finsterwalde."

„Finsterwalde? Wo ist denn das?"

„Liegt in Brandenburg, aber südlich, Niederlausitz. Knapp

100 Kilometer bis Berlin und, was weiß ich, 80 Kilometer über Dresden."

„Wie lange kennt Ihr euch schon?"

„Kennen? Schon zwei Jahre", sagte Meik, „aber getroffen haben wir uns erst einmal. Vor ein paar Wochen."

„Wo? Bei Dir?"

„Nein, in Berlin. Wir wollten uns mal sehen und auch richtig feiern. Ist hier nicht so dolle."

„Und dann habt Ihr so auf den Putz gehauen, dass Marvin Dir heute noch Geld schuldet?"

„Nein."

„Gekifft?"

„Nein! ... Ja ... doch, ein bisschen halt. Wie jeder."

„Und das Geld?" Meik wand sich um eine konkrete Antwort und brachte vor lauter Stottern nicht mehr heraus als „kann ich am Telefon nicht sagen".

„Also doch!"

„Was doch?"

„Habt Ihr was vertickt?"

„Quatsch.

„Was dann?"

„Kann ich nicht sagen. Vor allem am Telefon nicht."

Für Matthias Kaah klang das wie eine Art Hilferuf und Aufforderung oder zumindest die Bereitschaft für ein Treffen. Gleich nach dem Telefonat besprach er sich mit Regina und Markus.

„Was haltet Ihr von dem Burschen?"

„Ich weiß nicht. Meinst Du, die haben krumme Sachen gemacht?" Regina fragte das zwar in den Raum, glaubte aber nicht wirklich, dass Marvin sich für so etwas hergegeben hätte.

„Ich finde, die beiden haben ein Geheimnis." Markus war sich sicher. „Und man hat doch deutlich gemerkt, dass dieser Meik jetzt irgendwie Angst hat."

„Die Frage ist: Sollen wir der Sache nachgehen und uns mit ihm treffen? Oder glaubt ihr, dass es nichts bringt?" Matthias spürte, dass keiner von ihnen eine konkrete Aussage machen wollte. „Wisst Ihr was", entschied er spontan, „ich rede nochmal mit Marvins Mutter. Ich möchte schon, dass sie informiert ist, wenn wir diesen Meik wegen Marvin auf den Zahn fühlen."

Matthias machte einen Termin mit Regina bei Marvins Eltern. Er wollte einfach mit ihnen reden. Außerdem wollte er sie bitten, ob sie nicht mal einen Blick in Marvins Sachen werfen könnten. Vielleicht würden ihnen ja Dinge auffallen, für die Eltern keine Augen und von denen sie keine Ahnung haben.

Marvins Mutter zeigte sich offen und so rollten sie in Herkheim ein. Matthias musste mit einem Platz auf der geräumigen Terrasse vorlieb nehmen, das Haus war alles andere als Rollstuhlkompatibel. Aber bei gutem Wetter waren solche Hemmnisse für ihn kein Grund, sich in irgendeiner Form behindert zu fühlen.

Ganz im Gegensatz zu seiner Tätigkeit im Nördlinger Inklusionsrat, im Zuge dessen er immer wieder dazu gebeten wird, seine Meinung abzugeben. Was einerseits ja gut ist, wenn man auf einen Fachmann wie ihn hört. Auf der anderen Seite muss er immer wieder den Kopf schütteln über die Gedankenlosigkeit, die mancherorts in unserer Gesellschaft bei diesem Thema herrscht. Vor allem, wenn es um das Erkennen der Grenzen geht, denen sich ein Mensch mit Handicap im täglichen Leben ausgesetzt sieht. Da spricht er immer wieder und unermüdlich Missstände und Versäumnisse an, die man – für sein Dafürhalten – mit ein wenig sich-in-die-Lage-versetzen, in welcher Funktion auch immer, selbst erkennen könnte. Das beginnt bei der Pflasterung von Wegen und Plätzen in der Stadt, dreht sich um das Entdecken von für Rollis unüberwindbaren Hindernissen und hört bei der unsäglichen Frage nach behindertengerechten Toiletten bei weitem nicht auf. Allerdings hatte er bei der Zusammenarbeit mit der Stadt Nördlingen und hier insbesondere beim Oberbürgermeister oder auch überregional beim Landrat immer ein offenes Ohr für die Probleme behinderter Menschen gefunden.

Doch Kaah hatte für diese Probleme jetzt gerade keinen Kopf. Er erzählte in Herkheim vom Telefonat und dass er vorhatte, diesen Meik zu besuchen. Marvins Mutter war dankbar für Kaahs Engagement und zeigte sich auch bereit, Regina Marvins Zimmer zu zeigen.
Nicht nur auf den ersten Blick schien alles ganz normal. Ein großes, freundliches Zimmer, sehr aufgeräumt. Großer Kleiderschrank, Schreibtisch, Couch und einen Zockertisch mit Riesen-Bildschirm und Zockerstuhl davor, Tastatur und dem anschlusslosen Kabel zum Laptop, der ja schon als vermisst gemeldet wurde.

Keine Poster oder irgendwelche Stars an den Wänden, nur ein großflächiges, sehr buntes Graffitto, das eine ganze Wand einnahm.

„An dem hat er monatelang getüftelt", berichtete seine Mutter, „wir werden es niemals überstreichen lassen. Obwohl es nicht gerade nach unserem Geschmack ist."

„Was meint er denn mit dem Schriftzug?" fragte Regina. Sie erkannte ein irgendwie flowerpower-typisches Buchstaben-Puzzle: „In Weed ist Wahrheit!"

Mit einem überdimensionalen Ausrufezeichen.

„Ich weiß auch nicht", sagte die Frau, „das ist ganz neu. Das hat er erst vor kurzem da hin gemalt."

Sonst schien Regina alles ganz normal für einen Jugendlichen. Fast zu klischeehaft. Aber gut, Herkheim ist keine ausgeflippte Großstadt.

„Würdest Du mir den Gefallen tun und mich nach Finsterwalde begleiten?", lautete Kaahs eher rhetorische Frage an Regina.

„Warum fragst Du mich das so explizit?" Seine Traum-Pflegekraft schien etwas überrascht.

„Na ja, Du weißt ja, wie kompliziert das Reisen mit mir ist."

„Hat mir das jemals schon etwas ausgemacht?"

„Nein."

„Also nochmal. Warum fragst Du dann?"

„Es wird ja nicht in einem Tag erledigt sein. Und ich will Dich nicht zeitlich überfordern."

„Jetzt mach aber mal einen Punkt."

„Um ehrlich zu sein. Ohne Dich will ich gar nicht mehr weg. Mir reicht das letzte Erlebnis mit dem neuen Pfleger."

Matthias spielte auf die Fahrt zu einem Verbandstreffen in Kassel an, bei dem ihn Regina eben nicht begleiten konnte. Die Vorbereitungen für eine Reise sind natürlich ungleich umfangreicher als ein Trip jedes anderen normalen fahrenden Volkes. „Ein Krankentransport ist eine Kaffeefahrt dagegen", erzählte Kaah gerne, wenn er darauf angesprochen wurde. Doch in Wahrheit waren die Vorbereitungen für ihn jedesmal der pure Horror. Wer, wenn nicht er, litt am meisten darunter, wenn nicht an alles gedacht und nicht jedes Gerät an seinem Platz war.

Matthias liebte es zu Reisen und so war er im Jahr mindestens sechs bis sieben mal für mehrere Tage unterwegs. Allein schon zu den Vorstandssitzungen für die Deutsche Gesellschaft für Muskelkranke, wo er im Bundesvorstand tätig war, musste er immer mehrere Tage einplanen. Mit ihm zu reisen ist nicht gerade einfach. Meistens haben ihn zwei seiner routinierten Assistenzkräfte begleitet. Nicht selten standen Touren nach Freiburg, Kassel, Frankfurt, Jena, Fulda, Berlin oder auch die Nordsee oder der Gardasee in Italien auf der Zielliste. Zum Glück hatte er einen Kleinbus, denn die Packliste war lang: Alle Geräte, die zum Überleben notwendig waren, wie zum Beispiel das Beatmungsgerät, der Pulsoximeter, das Absauggerät und der Cought-Assist mussten samt Zubehör wie Ladegeräte, Filter, Schläuche und Kabel doppelt mitgeführt werden. Hinzu kamen ein Lifter für den Transfer aus dem Rollstuhl ins Bett des Hotels oder auf die Toilette. Manchmal musste auch der zweite Rollstuhl mitgenommen werden.

Sollte Kaah unterwegs auf die Toilette müssen oder aufgrund von Schmerzen am Korsett oder einem anderen Problem aus dem Auto müssen, so musste immer zunächst alles Gepäck aus dem Auto und anschließend wieder rein.

Auf dem Weg nach Kassel hatte die Pflegekraft einmal das Beatmungsgerät in der Garage stehen lassen. Mal etwas vergessen zu haben: „So what" für jeden anderen. Bei Matthias Kaah bedeutete das, sofort anhalten und umkehren oder jemanden finden, der zu Hause ist, zufällig freie Zeit hat, das Gerät einlädt und ihm entgegenfährt, so wie in diesem Fall sein Bruder Thomas und seine Schwägerin Silke, auf die er sich immer verlassen konnte. Auf der Kassel-Fahrt zum Beispiel an die Autobahn-Raststätte nach Würzburg. Glück im Unglück.

Die Technik-Abhängigkeit ist für Matthias Kaah allgegenwärtig. Und vor allem, immer dann ein großes Problem, wenn ein Nicht-Funktionieren am Wenigsten gebraucht wird. Murphys Law in Reinform: Bei der Hochzeit seines Bruders zum Beispiel streikte gerade dann sein Rollstuhl, als alle schon bereit für die Kirche waren. Seine Mutter, und natürlich auch Matthias selbst, hätten an dem Fest nicht teilnehmen können. Keine Bewegung des Rollstuhls heißt ja nicht, dass nur Kaah selbst betroffen ist: Sofort muss alles neu organisiert werden. Wer bleibt zu Hause, bei ihm? Wie kommt er aus dem Dilemma heraus? Selbstverständlich und vollkommen in der Murphys Law Entsprechung, war es Samstagvormittag und niemand so ohne weiteres zu erreichen. Aber wieder einmal rettete ihn sein

Aalener Sanitätshaus. Es gab sogar die private Telefonnummer seines Technikers preis, der sich auch noch völlig selbstlos sofort - an seinem freien Tag - ins Auto setzte, nach Utzmemmingen kam und die Störung behob.

Ganz anders kann es aber auch passieren: Nördlingen, kurz vor einem Auftritt bei der DGM-Muskeltour. Matthias Kaah kommt mit seinem VW-Bus, will aussteigen. Keine Chance: Ein Hydraulik-Schlauch ist geplatzt, das Fahrzeug lässt sich nicht absenken, er sitzt hilflos im Auto fest. Nichts geht, auch nicht händisch und mit Hilfe von Leuten von außen. Anruf beim Autohaus. Kein Entgegenkommen, alle Mitarbeiter haben gleich Feierabend. Niemand vor Ort kann (oder will?) helfen. Es wird tatsächlich an die VW-Zentrale in Wolfsburg verwiesen, „...die könnten ja Hilfe organisieren". Super Idee! In seiner Not ruft Matthias Kaah ein ihm völlig unbekanntes Autohaus in Nördlingen an, er hatte noch nie etwas mit dieser Firma zu tun. Alexander, der Werkstattmeister, war am Telefon. Er verspricht, zu helfen. Kaah, der in seinem Auto gefangen war, ließ sich zur Werkstatt fahren, wo Alexander und ein weiterer Mitarbeiter auf ihn warteten, obwohl sie bereits Feierabend gehabt hätten. Er rettete ihn aus seiner Not. Noch heute sind die beiden Freunde.

Aber Matthias Kaah muss nicht einmal groß verreisen, um die volle Härte außerplanmäßiger technischer Gesetzmäßigkeiten erfahren zu können. Er sitzt allein in seinem Zimmer, nichts deutet darauf hin, dass irgendetwas in nächster Zeit passieren könnte. Seine Mutter will nur kurz auf den Friedhof das Grab seines Vaters gießen. Warum auch nicht? Es ist ja alles in bester Ordnung.

Kaum ist seine Mutter aus dem Haus, tickt die Elektronik seines Rollstuhls völlig aus, er rast mit zehn Stundenkilometern Geschwindigkeit vorwärts in seinen Schreibtisch hinein und wird gegen die Tischplatte gepresst. Kein Erbarmen: Wenn der Rollstuhl fahren will, dann fährt er. Und probiert es ohne Gnade so lange, bis Matthias Kaah von seiner Mutter aus dieser misslichen Lage befreit wird. Das Grab seines Vaters war bestens bewässert, Matthias Kaahs Kleidung war währenddessen in etwa so intensiv benässt von seinem Schweiß ...

Doch wenn Regina mit ihm nach Finsterwalde fährt, sind diese Gedanken an technische Unwägbarkeiten eher Nebensache. Denn kaum jemand ist so akribisch und genau in der Vorbereitung von irgendwelchen Vorhaben wie sie. So machte sich Matthias auch keinen Gedanken, als sie in seinem Transporter saßen und sich in Richtung Brandenburg auf den Weg machten. Sie mussten mit mindestens fünf Stunden Fahrzeit rechnen und am frühen Nachmittag hatten sie sich mit Meik verabredet.

Für Matthias selbst war die Fahrt in den Osten Deutschlands nicht vollkommen unbelastet. Mussten sie doch auf dem Weg dorthin an Dresden vorbei. An einer Stadt, die sein Leben beinahe komplett auf den Kopf gestellt hätte. Es war die Zeit, wie er manchmal für sich selbst erklärt, „als er noch ein Kind hatte ..."

Mandy hieß die Frau, die ihm gleichzeitig die hoffnungs-
froheste, aber auch niederschmetterndste Zeit seines
Lebens geschenkt hatte - und jetzt wieder in Dresden
lebte.

Irgendwann wollte sich bei Matthias Kaah der Urdrang
des Menschen, wie er sagte, durchsetzen, nämlich der
Wunsch nach einer eigenen Familie. Vorher waren für ihn
Familien mit Kindern ein rotes Tuch, deren Sprösslinge
meist kreischende, störende Unholde, denen er möglichst
weit aus dem Weg ging. Ob im Thermalbad, im Gasthaus
oder im Kino, überall nur: „Ich will ein Eis, ich will Popcorn,
ich will, ich will, ich will...!" Er konnte das kaum ertragen
und wollte sich auch nicht vorstellen, danach Sehnsucht
zu haben.

Entscheidend für seine emotionale Kehrtwende war Mandy, seine erste große Liebe. Sie war aus den neuen Bundesländern gekommen und hatte als Assistenzkraft bei
ihm begonnen. Aus der reinen Pflege-Beziehung wurde
im Laufe der Wochen und Monate ein Flirt, eine immer
innigere Verbundenheit, die schließlich in eine Liebesbe-
ziehung mündete. Kaah lebte in einem regelrechten Freu-
dentaumel und wollte sein Glück am liebsten in alle Welt
hinausschreien. Einzig zwei Mädchen im Alter von 7 und
9 Jahren, Mandys Kinder aus unehelichen Verbindungen
standen dem vollkommenen Glück noch im Weg. Denn
kaum war die Mutter etwas länger bei ihm, musste sie
wieder nach Hause, weil die Kinder alleine waren. Urlaub
oder selbst ein Kurztrip waren nicht möglich, denn es gab
keinen Kindersitter. Wie oft wünschte sich Kaah in dieser
Zeit, es gäbe diese Kinder nicht. Ganz im Widerspruch zu

der Tatsache, dass sie beide sich schon nach wenigen Wochen ein eigenes Kind wünschten. Sie hatten sogar schon einen Namen ausgesucht: Jacqueline.

Doch vorher stand zunächst das Bekanntmachen der Beziehung für Mandys Kinder und das gegenseitige Kennenlernen auf dem Programm. Sie hatten vereinbart, das möglichst beiläufig anlässlich seiner Geburtstagsfeier zu bewerkstelligen: Mandy wollte Lotte und Lena zum Schmücken des Festsaals mitbringen, um zu sehen, wie sie auf Kaah reagieren würden.
Matthias Kaah war vor dem Termin so nervös wie selten zuvor in seinem Leben. Sein Puls begann zu rasen, als Mandy mit den beiden Kindern den Saal betrat. Jetzt nur kein falsches Wort, kein falscher Blick, keine falsche Geste. Mit Scherzen und Fragen an die beiden Kinder versuchte er, ihre Angst und Schüchternheit gegenüber ihm und seiner Behinderung zu knacken. Was ihm bei der größeren, Lena, auch ganz gut gelang, Lotte blieb allerdings schüchtern und zurückhaltend und versteckte sich immer wieder hinter ihrer Mutter. Doch insgesamt war das Vorhaben des neuen Paares, die Kinder zu integrieren, für den Anfang ganz gut gelungen.

In den folgenden Wochen und Monaten verbrachte die kleine zusammengewürfelte Familie viel Zeit miteinander. Man ging gemeinsam Eis essen, mit dem Hund spazieren und besuchte sich gegenseitig immer öfter. Matthias spürte, dass sich zwischen ihm und Lena ein guter Draht spann. Lena ließ sich von ihm vieles erklären und war auch sehr lernbegierig, sie half bei seiner Versorgung geradezu euphorisch mit und verstand den Umgang mit ihm manchmal sogar besser als ihre Mutter. In Kaah wuchs immer mehr das Bedürfnis, ein eigenes Kind zu haben. Er sehnte sich danach, für einen Menschen die Verantwortung zu übernehmen, ihm Liebe und Geborgenheit eines Vaters zu schenken und diesen Menschen durchs Leben zu begleiten.

Vor allem, als er erfuhr, dass sich Lenas leiblicher Vater nicht um sie kümmerte und auch keine Alimente für sie bezahlte. Schlimmer noch: Sie hatte ihren Erzeuger noch nicht einmal kennen gelernt. Der leibliche Vater von Lotte hingegen nahm das Kind regelmäßig zu sich und durfte mit ihm auch hin und wieder in den Urlaub fahren. Matthias spürte die Einsamkeit des Kindes, als Lena ihm davon erzählte. Als er Mandy daraufhin bat, für Lena die Patenschaft übernehmen zu dürfen, traf ihn die brüske Ablehnung seiner Partnerin mitten ins Herz. Eine Vater-/Tochter-Beziehung hätte sein Glück vollkommen gemacht. Wäre er damals nicht von seinen wild umhertanzenden Schmetterlingen im Bauch abgelenkt gewesen, hätte Matthias sofort bemerkt, dass hinter der Ablehnung ein tieferer Grund steckte.

Der Grund war ein anderer Mann, mit dem sich Mandy traf. Für Matthias Kaah brach wieder einmal eine Welt zusammen. Erst viel später erfuhr er, dass Mandy am Borderline-Syndrom litt, und dass sie Gefühle, Denken und Handeln nicht unbedingt steuern konnte, was sich in zuweilen paradox wirkendem Verhalten in zwischenmenschlichen Beziehungen sowie in einem gestörten Verhältnis zu sich selbst äußerte. Dissoziative Störungen, Depressionen und manische Phasen wechselten bei ihr häufig, oft sogar völlig unvermittelt. Eine Beziehung mit ihr konnte nur zum Scheitern verurteilt sein.

Trotz seiner grenzenlosen Enttäuschung und Trauer versuchte Matthias dennoch Halt und väterlicher Freund für Lena zu sein, die natürlich genauso unter den Eskapaden ihrer Mutter litt wie er selbst. Trotz abgelehnter Patenschaft durfte Lena viel Zeit bei Matthias verbringen, wahrscheinlich auch nur deswegen, damit Mandy mehr Zeit für ihren neuen Freund erübrigen konnte. Matthias war es egal, so konnten sich beide über ihren jeweiligen Verlust hinwegtrösten. Sie besuchten das Steiff-Museum in Giengen, das Legoland in Günzburg, spielten sogar Ball miteinander und Lena rollte mit ihren Inlinern bei Ausflügen neben ihm her, während die Assistenzkraft den Rollstuhl lenkte. Ihr Gaststatus bei ihm bröckelte immer mehr und sie fühlte sich ganz zu Hause, in jeder Ecke der Wohnung befand sich bald ein kleines unaufgeräumtes Lena-Chaos. Was er nicht für möglich gehalten hatte, trat ein, die Unordnung machte ihm nichts aus. Es erfüllte ihn mit Stolz und Freude, das Kind fröhlich und glücklich zu sehen, es half ihm natürlich auch selbst über den Verlust seiner Liebe hinweg. Als sie ihn eines Tages „Papa" nannte, musste er sich die Tränen verkneifen.
Er tat alles dafür, sein Patenkind nach allen Regeln der Kunst zu verwöhnen. Was gar nicht so einfach war, denn Lena war sehr bescheiden. Selbst beim Besuch des Nörd-

linger Weihnachtsmarktes wollte sie weder etwas zu essen oder trinken und auch keine Süßigkeiten.

„Du musst mir nichts kaufen Matthias, es ist schon Geschenk genug, bei Dir sein zu dürfen."

Diese Worte gingen Matthias natürlich runter wie Öl, er genoss seinen Vater-Status in vollen Zügen. Nur mit Mühe konnte er seinen Schützling überzeugen, am „Glückshafen" des Nördlinger Tierheimes ein Los zu ziehen. Und auch nur deshalb, weil er ihr klar machen konnte, dass man mit jedem Los Gutes tut und den Tieren hilft.

Dieses eine Los allerdings hatte es in sich, es war ein Hauptgewinn für Lena. So lange hatte sie sich schon einen Computer gewünscht, jetzt gewann sie mit einem einzigen Los ein Tablet. Wie von der Tarantel gestochen, sprang sie vor Freude lauthals kreischend mitten unter den Marktbesuchern herum. Und selbst auf dem Heimweg im Auto hatte sie sich noch nicht beruhigt.

„Ich bin glücklicher als der Mond groß sein kann. Danke Matthias für dieses Tablet und den schönen Tag."

Es sollte sich später herausstellen, dass dieses Tablet dann oft genug das einzig verbliebene Verbindungsglied zwischen Wäre-gerne-Vater und seiner Wäre-gerne-Tochter sein sollte. Denn kurz danach verließ Mandy mit ihren Kindern und den neuen Liebhaber das Ries wieder in Richtung ihrer alten Heimat. Für Matthias blieben nur die SMS mit Lena.

Diese neue Heimat hatten Regina und Matthias schon passiert und steuerten jetzt Richtung Finsterwalde. Sie hatten vereinbart, sich auf neutralem Boden zu treffen, in einem asiatischen Restaurant am Marktplatz – mit dem simplen Namen SimPlé, was immer das auf vietnamesisch hieß. Aber es schien Matthias irgendwie passend und außerdem konnte er bequem vor dem Lokal mit seinem Rollstuhl vorfahren und in dem es auch eine behindertengerechte Toilette gab.

Meik Passer, so stellte er sich jedenfalls vor, war ein groß gewachsener junger Mann, blonde längere Haare, die er zum Zopf gebunden hatte und einen eher spärlich sprießenden blonden Kinnbart. Zusammen mit seinem mausgrauen Hoody und der ebenfalls grauen Jogginghose mit einem unsäglichen riesigen Schriftzug, des so genannten Modelabels einer großen Supermarktkette auf einem Hosenbein, wirkte er so gewollt unauffällig, dass er Matthias gleich auffiel.

„Das muss er sein", sagte er sofort, als sie den Mann schon von Weitem suchend auf sie zukommen sahen. Und tatsächlich. Mit einem fragenden Blick kam er auf die beiden zu. Regina nickte, er grüßte, stellte sich vor und setzte sich auf den angebotenen Platz zwischen den Besuchern.

„Möchten Sie was trinken? Wir laden Sie auch gerne zum Essen ein", begann Matthias das Gespräch.

„Ich trinke ein Pils, wenn es recht ist", antwortete Meik und wirkte dabei wie ein kleiner Junge, der sich ein Eis wünschen darf.

„Ja klar", sagte Matthias, „wenn es der Wahrheitsfindung dient?"

„Sagen Sie mir bitte. Wie ist Marvin gestorben?"

„Das haben wir Ihnen doch schon gesagt. Er ist in einen Steinbruch gestürzt."

„Und Sie glauben, dass jemand nachgeholfen hat. Sind Sie deshalb hierher gekommen."

„Ja. Wir wollen wissen, genau wissen, warum es sein könnte, dass jemand Marvin unter Umständen töten wollte. Und wie das mit Ihnen zusammen hängt", schaltete sich Regina ein.

„Und erzählen Sie uns jetzt nicht, dass Sie nichts damit zu tun hätten", verlieh Matthias der Frage Nachdruck.

„Ich habe nichts damit zu tun."

„Wir sind nicht 500 Kilometer gefahren, um uns so einen Satz anzuhören", wurde Matthias kurz laut, um dann mit Rücksicht auf die Umsitzenden leiser zu werden, „also jetzt raus mit der Sprache. Warum habt ihr Euch in Berlin getroffen? Doch nicht nur zum Feiern!"

„Doch", wand sich Meik, „zuerst eigentlich schon."

„Was heißt eigentlich?"

„Doch dann kamen wir auf diese Frau zu sprechen."

„Welche Frau?"

„Die Chefin von Marvin. Er hat mir ein Bild von ihr gezeigt, weil er sie so affenscharf fand."

„Affenscharf?"

„Ja, genau das hat er gesagt! Affenscharf oder rattenscharf, so was ähnliches. Viele von uns stehen auf Milfs."

„Aha."

„Ihr wisst schon, was Milfs sind?" Meik fragte das unsicher.

„Ja. Obwohl wir nicht aus Berlin sind, wissen wir, was oder wer das ist." Regina wirkte leicht genervt.

„Und Sie fanden das auch gut?"

„Ja klar. Mann, wir waren bekifft. Und haben halt so rumgealbert. Dann hat er mir das Bild gezeigt und ich habe ihm dann gesagt, „Hey Alter, die kenn' ich."

„Und? Kannten Sie sie?"

„Ja, Mann, das war es ja. Die war auch mal meine Chefin."

„Wieso das?"

„Ich hatte den gleichen Job wie Marvin. Und habe für einen großen Pflegedienst hier in Brandenburg gearbeitet. Da war die auch Chefin."

„Was heißt war?"

„Na ja, die ist eines Tages einfach verschwunden. Der Laden wurde geschlossen und man hat sie nie wieder gesehen."

„Wann war das?"

„Keine Ahnung, vor ein paar Jahren, vielleicht fünf oder sechs."

„Das ist ja ein Ding!" Matthias war verblüfft. Nicht nur ihm fiel sofort der Begriff Pflegebetrug vor die Füße.

Regina bohrte weiter: „Und seitdem sind Sie arbeitslos?"

„Mehr oder weniger. Ich habe zwar irgendwelches Konkursgeld vom Staat bekommen, aber so richtig in meinem Job habe ich nicht mehr gearbeitet. Gibt ja fast nichts mehr hier. Die kleineren hat der große Pflegedienst ja damals alle platt gemacht. Ich arbeite jetzt im Schraubenwerk."

„Und Sie haben nie wieder etwas von ihr gehört?"

„Nein. Die Presse hat sich damals zwar mächtig aufgeregt. Aber nach ein paar Tagen war alles vergessen. Der Laden dicht."

„Und Sie arbeitslos?"

„Ja, von einem Tag auf den anderen."

„Und Sie haben nie wieder etwas von der gehört oder gesehen?"

„Nein. Sag' ich doch. Bis Marvin mir das Bild gezeigt hat."

„Und dann? Was habt ihr dann gemacht?"

„Marvin war sofort on fire."

„Wie soll ich das verstehen?"

„Er hat gesagt, ich soll mich mal schlau machen, was damals passiert ist. Warum der Laden geschlossen wurde."

„Und was haben Sie gesagt?"

„Dass mir das scheißegal ist."

„Aber Marvin hat Sie gedrängt."

„Ja, er war total von der Rolle. Wollte unbedingt, dass ich da was mache für ihn. Und er hat mir das Geld dafür geboten."

„Haben Sie was rausgekriegt."

„Ja, habe ich."

„Ja was, Mann. Lassen Sie sich doch nicht alles aus der Nase ziehen." Jetzt war Matthias on fire.

„Da gab es einiges: Es hat zwar gedauert, aber dann habe ich rausgekriegt, dass die eine riesige Betrugsmasche am Laufen hatte. Unsere saubere Chefin. Die hat Leistungen abgerechnet, die es gar nicht gab. Und ich habe sogar Typen getroffen, die sind dafür bezahlt worden, dass sie einmal im Monat da in die Firma gingen, was unterschrieben haben und Kohle dafür gekriegt haben."

„Wie haben Sie das erfahren?"

„Ich habe einen Freund bei der Zeitung hier. Der hat mir einiges gesteckt. Und es stand ja auch was in der Zeitung."

„Und was noch alles?"

„Schon. Ich habe doch alles Marvin geschickt. Das muss er doch haben."

„Was geschickt?"

„Die Beweise, Mann! Dafür hätte ich doch das Geld bekommen sollen."

„Bei Marvin ist nichts. Sein Handy ist verschwunden und sein Laptop auch." Matthias war jetzt so aufgeregt, dass er sich beinahe in der Lautstärke vergriffen hätte, wenn ihm Regina nicht die Hand beruhigend auf den Arm gelegt hätte.

„Ach du Scheiße!" Auch Meik war jetzt sichtlich aufgewühlt.

„Haben Sie die Unterlagen noch?"

„Ich habe nix. Keine Unterlagen. Ich habe alles Marvin auf einen Stick gezogen."

„Und keine Kopien davon?"

„Nein, Mann. Und ich bin froh darüber." Jetzt war es Meik, der vor Aufregung so laut war, dass an den Tischen neben ihnen schon Streit vermutet wurde.

„Ich zahle Ihnen jetzt sofort die 1000 Euro, wenn Sie mir die Beweise liefern." Matthias wollte alles wissen.

„Ich habe nichts. Echt nicht!"

„Das gibt es doch nicht. Aber die von der Zeitung müssen doch was haben?"

„Nur das, was die Polizei ermittelt hat. Betrug, Steuerhinterziehung, Urkundenfälschung und solche Sachen."

„Und warum hat die Polizei nichts unternommen?"

„Na, weil die Frau und ihr ganzes Zeug plötzlich verschwunden war. Untergetaucht. Die vermuten ja irgendwo in den Osten."

„Und Ihr seid nicht zur Polizei gegangen mit Eurer Vermutung?"

„Marvin wollte das ja. Hat er jedenfalls gesagt."

„Aber nicht getan?" Regina war sich sicher, dass es so war.

„Keine Ahnung. Ich habe ja nichts mehr von ihm gehört."

„Also. Langer Rede kurzer Sinn! 1000 Euro von mir für die Beweise!"

„Bin ich doof? Niemals!" Meik war aufgestanden und sah aus, als wollte er fluchtartig den Platz verlassen. „Ich werde gar nichts mehr tun in dieser Sache. Das alles nochmal aufwühlen? Ich bin ja nicht lebensmüde."

„Sag uns wenigstens, wie die Frau heißt, die ihr erkannt habt."

„Solowkina. Tanja Solowkina. Das ist alles. Mehr sage ich nicht." Damit stand er auf und machte mit seinem Plan von Flucht ernst. Ein paar Sekunden später war er hinter der nächsten Straßenecke verschwunden.

Regina und Matthias saßen wie vom Blitz getroffen noch eine ganze Weile vor dem Restaurant. Schweigend. Jeder in seine Gedanken versunken. Jetzt hatten sie immer noch nichts. Waren sie 500 Kilometer umsonst gefahren?

„Ich fasse es nicht. Der kann doch nicht einfach abhauen?"

„Er hat einfach Angst. Verstehe ich schon." Regina suchte lieber gleich wieder nach einer Lösung, als sich über einen Rückschlag aufzuregen. „Ich glaube, ich habe da eine Idee."

Matthias hielt zwar große Stücke auf Regina, aber dass sie jetzt, gefühlte Sekundenbruchteile nach so einer Enttäuschung einen neuen Plan hatte, wollte er dann doch nicht sofort glauben.

„Aha. Und welche?"

„Erinnerst Du Dich noch an das Grafitto in Marvins Zimmer? Ich habe Dir doch davon erzählt."

„Warum? Was hat das mit dem hier zu tun?"

„Da hat er doch was dazu gesprüht, hat seine Mutter gesagt."

„Stimmt. Einen Spruch. Irgendwas mit Wein." Matthias konnte sich zwar an die Form, aber nicht an den Wortlaut erinnern.

„Nicht mit Wein. Mit Weed! ... Im Weed ist Wahrheit!" Matthias sah seine Ermittlungskollegin mit großen Augen an. Er konnte sich keinen Reim darauf machen.

„Vielleicht ist er doch nicht so der Musterknabe, hat doch geraucht und irgendwo was versteckt?"

„Was versteckt? Hilf mir doch." Kaah klang fast verzweifelt, weil er offensichtlich zumindest mit einem Rollstuhlrad auf der Leitung stand.

„Weed!"

„Weed? Was ist das?"

„Ich bitte Dich, Matthias. Das musst Du doch wissen als Kifferkollege", lachte ihn Regina an, „Weed, Gras, Stoff, Shit, Hasch, Kif ... noch mehr?"

„Ach jetzt! Mann, ich bin ganz durcheinander."

„Und wenn er irgendwo in seinem Zimmer sowas versteckt hat?"

„Was dann? Ich habe doch mein Zeug selbst."

„Oh Matthias!" Regina gab die scheinbar verzweifelte.
„Was ist denn nur heute mit Dir los? Überleg doch mal ...
Im Weed ist Wahrheit!!! ... Der Stick!"
„Du meinst ...?" Kaah war schlagartig im Bilde.
„Wir müssen nochmal zu seinen Eltern. Irgendwo muss das
Zeug sein."
„Wahnsinn! Das wäre der Wahnsinn. Lass uns sofort zurück
fahren." Kaah war nicht mehr zu halten.
„Jetzt noch? Kannst du noch? Hältst du noch 500 Kilo-
meter Rückfahrt aus?" Regina war sich sicher, die Strecke
wieder in einem Rutsch zurückfahren zu können, sie
machte sich aber Sorgen um Kaahs Gesundheit.
„Willst Du etwa hier übernachten? In Finsterwalde?"
„Wer schläft schon gerne unter Bäumen!" Regina lachte.
„Also los!"

WENIGER IST OFT MEHR

Die Rückfahrt zwar voller Adrenalin, aber dennoch nach einem harten Tag, war für Matthias doch anstrengender, als er gedacht hatte. Er fragte seine Fahrerin immer wieder, ob sie denn noch könne. Jetzt machte er sich Sorgen, so schnell entschieden zu haben, die weite Strecke sofort wieder zurückzuheizen. Trotz Reginas rasanter Fahrweise kippte er immer wieder mal weg und fiel in eine Art Sekundenschlaf.

Als sie abermals an Dresden vorbeikamen, musste er sofort an Lena, seine verlorene Tochter, denken. Wie glücklich war sie damals gewesen, als er sie Monate nach ihrem für sie erzwungenen Umzug nach Dresden besucht hatte. Sogar mit der widerstrebenden Erlaubnis der Mutter. Zuvor hatten sie zwar fast täglich nur telefoniert. Bei jeder Gelegenheit, bei jeder Sorge, bei jedem Erlebnis und Disput mit ihrer Mutter hatte Lena ihn angerufen. Zu jeder Tages- und Nachtzeit. Sie betrachtete ihn damals ganz und gar als ihren Vater.

„Lena, hast Du Lust, in den Zoo zu gehen?"

Wie aus der Pistole geschossen kam als Antwort ein breites sächsisches „Nu!", begleitet von einem breiten Grinsen. So machten sie sich frühmorgens schon auf den Weg, um möglichst viel von diesem Tag und voneinander zu haben. Es folgten wunderschöne Stunden, in denen Lena nur lächelte und glücklich war. Sie beobachteten Pinguine, streichelten exotische Tiere, genossen Currywurst mit Cola im Schatten unter hohen Bäumen. Kaah hatte Lena seine Digitalkamera anvertraut mit dem Auftrag, sie solle eine Fotoserie über diesen Tag gestalten. Er zeigte ihr, wie man zoomt, sich bewegende Objekte scharf bekommt, ohne Blitz im Aquarium fotografiert und sogar den Goldenen Schnitt wollte sie genauer erklärt haben. Noch nie hatte er ein Kind so stolz und lernwütig erlebt. Bis zu diesem Tag hatte sie noch nie eine Kamera, noch dazu eine so wertvolle, in Händen halten dürfen, geschweige denn damit herumturnen und selbstständig irgendwelche Fotos machen.

Als sie am Abend bei ihr zu Hause angekommen waren, begann Lena zu weinen. Die Abschiedstränen rührten ihn sehr, denn ihm war klar, dass sie sich mindestens ein paar Wochen oder Monate nicht mehr sehen würden. Hätte Kaah gewusst, dass er Lena an diesem Tag zum letzten Mal sehen würde, wäre sein Herz damals schon gebrochen.

„Wir sind da!"
Matthias schreckte aus seinem Sekundenschlaf auf, der dann doch einige Stunden gedauert haben muss. Denn sie standen vor Matthias Haus. Mitten in der Nacht. Regina war ohne Pause durchgefahren. Matthias hätte sie gerne, wieder einmal, ganz fest umarmt.

Der nächste Tag war hart. Matthias Kaah fühlte sich wie gerädert. Jede längere Fahrt, jeder Ausflug, jede kleine Reise, ist immer wieder ein doch enormer logistischer Aufwand. Wer begleitet ihn? Welche Pflegekraft hat gerade Zeit? Wie lange dauert es? Nicht zuletzt musste er auch arbeitsrechtliche Vorschriften seiner Pflegekräfte beachten. Arbeitszeiten, Ruhezeiten etc. Wirklich private Zeit, Allein-Sein oder ungestörte Zweisamkeit, wie damals mit Mandy oder ab und zu mit Lena, hatte ein Mensch wie Matthias Kaah, wenn er mobil und unterwegs sein wollte, nicht wirklich. Außerdem war sein Transporter jeweils vollgestopft mit dem Equipment, das er für sein Leben – für sein Überleben benötigte. Wollte man Rast machen, musste erst eine Menge Gepäck ausgeladen werden, um für sein Aussteigen, besser gesagt Hinausrollen, Platz zu schaffen. Er brauchte, so wie nach dem rasanten Ritt (so würden es andere auch bezeichnen!) nach Finsterwalde, schon immer Zeit für sich, um wieder zu Kräften zu kommen. Aber in diesem Fall war es immer noch besser, die Nacht durchzufahren, als irgendwo zu übernachten.

Was heißt irgendwo? Ein Haus, in dem er für seine Verhältnisse stressfrei übernachten konnte, musste höchste Standards an Barrierefreiheit erfüllen. Das ist beileibe kein Snobismus. Für Matthias Kaah ist das pure Notwendigkeit.

Wie gerne wäre er seinerzeit bei einem kleinen Auftritt von Lena dabei gewesen. Sie hatte ihn eingeladen, denn ganz in der Nähe der neuen Wohnung im Osten fand eine Veranstaltung statt, bei der auch Kinder oder Jugendliche ihre Sangeskünste zeigen konnten. Matthias hatte sie wochenlang ermutigt, sich zu trauen, eines ihrer Lieblingslieder von Helene Fischer dort als eine Art Karaoke zu singen. Lena hatte ihm einen Videoclip ihrer heimlichen

Proben geschickt und er war mächtig stolz, wie gut sie tatsächlich singen konnte. Ihre Mutter hatte sie dagegen alles andere als unterstützt, ihr lediglich beschieden, sie solle sich solche Flausen aus dem Kopf schlagen. Mit der mentalen Unterstützung aus Utzmemmingen jedoch gelang dem Kind das Einverständnis des Veranstalters – und dann sogar auch ihrer Mutter zu erlangen, dort auftreten zu können. Leider war die Zusage so kurz vor dem Termin gekommen, dass es Matthias unmöglich war, so schnell nach Sachsen zu kommen. Er war untröstlich. Er versprach seiner Lieblingstochter dennoch, sie – so gut er eben konnte – mit seinen Gedanken und guten Wünschen aus der Entfernung zu unterstützen. Lena war zwar Feuer und Flamme, doch natürlich auch wahnsinnig aufgeregt. Bereits am frühen Morgen hatte Matthias mehr als 20 SMS auf seinem Smartphone, die nervösen und an ihrem Können doch zweifelnden Anrufe konnte er gar nicht mehr zählen. Den ganzen Tag verbrachte er ausschließlich mit Lena – und Helene Fischer. Sie habe sich hübsch gemacht und Lampenfieber wie ein Star, erzählte sie ihm noch unmittelbar vor ihrem Auftritt. In Gedanken war Kaah jede Sekunde ihrer Performance bei ihr.

Was er am nächsten Morgen allerdings von ihr erfuhr, erschütterte ihn zutiefst: Weder ihre Mutter noch die Tanten oder andere Verwandte und Freunde waren vor Ort, um sie zu sehen oder ihr die Daumen zu drücken. Niemand interessierte sich offensichtlich für die Leistung von Lena. So überwog für das Kind die Enttäuschung statt die Freude über die gelungene Darbietung. Matthias war überaus stolz auf sein Kind und sagte ihr das auch. Gleichzeitig war er unsagbar wütend auf die Mutter: wie konnte man ein Kind in so einem großen Moment nur alleine lassen! „Kaffeetrinken war sie mit einem Bekannten", erzählte ihm Lena.

„Irgendwo muss das Zeug doch sein", Regina wollte nicht glauben, dass sie sich mit ihrer Weed-Wahrheit-Vermutung getäuscht hatte. Über eine Stunde hatte sie jetzt schon in Marvins Zimmer gesucht und eigentlich alles auf den Kopf gestellt. Unter dem Bett, zwischen dem Rost und der Matratze, in allen Schubladen, die irgendwie offen oder geheimfachmäßig zu gebrauchen waren. Auch hinter dem schwedisch-weißen Bücherregal, das auch Marvins Zimmer geschmückt hatte, war nichts zu finden. Hatte er den Stoff in Tütchen gelagert oder vielleicht im Glas mit Schraubverschluss? Das wäre möglicherweise leichter zu entdecken. Regina setzte sich aufs Bett und ließ den Blick immer wieder durchs Zimmer schweifen. Irgendwie müsste sich doch irgendwo ein Anhaltspunkt finden lassen. Die Wände waren glatt, alles wirkte gepflegt und aufgeräumt. Bücherregal! Es kann nur im Bücherregal was versteckt sein. Sie schob vorsichtig alle Bücher nach hinten, um sicher zu gehen, dass nichts dahinter platziert sein konnte. Als besonderes Highlight prangte ein wohl uraltes Lexikon-Werk mit sicher zwanzig Bänden in den beiden obersten Regalen. Dahinter konnte nichts liegen. Sie nahm einen Band heraus. Schwer, dunkles altes Papier, ein Brockhaus-Conversations-Lexikon, in Leder gebunden. Wow! Von 1878. In Leipzig gedruckt. Was das wohl wert war? Und wie hieß nochmal die komische, aber unglaublich interessante Schrift, in der die Bücher gesetzt waren? Schrift ... Schriften. Ja klar! Sie konnte ja in diesem Lexikon selbst danach suchen. Als sie den Band mit der Nummer 13, alphabetisch geordnet von Salz bis Stabilität, herausnehmen wollte, stellte sie fest, das er mit der Nummer 12, Pottsville bis Salyer, zusammengeklebt war. Sie konnte nur beide Bände gleichzeitig herausnehmen. Und aufklappen. Darin, ta ta ta!, ein Geheimfach. Mit Inhalt: ein Schraubglas mit Gras drin. Weed! Reginas Herz schlug höher. War im Weed jetzt tatsächlich das, was sie vermutet hatte? Die Wahrheit? Sie drehte das Glas um, rüttelte daran, kein verdächtiges Klappern. Umdrehen, schütteln. Nichts. Dann eben aufschrauben. Und endlich doch: unter dem Deckel klebte ein winziger Stick. Wahnsinn! Regina sprang auf, sie wollte so schnell wie möglich zu Matthias. Das mussten sie sich sofort ansehen. Zuvor aber legte sie das Glas zurück, schloss das Geheimfach wieder und stellte die Bücher an ihren Platz im Regal. Zu Marvins Mutter würde sie sagen, sie habe - wie erwartet - nichts gefunden. Ihr Sohn sollte für sie so unbescholten bleiben, wie sie ihn wohl gerne in Erinnerung behalten würde.

Für Kaah und sie aber sollte der Stick, nach den unbestritten fast unkenntlichen Aufnahmen vom Kräutergarten aus, der zweite Baustein dafür sein, beweisen zu können, dass Marvin keineswegs Selbstmord begangen habe. Regina nahm sich nicht einmal die Zeit, Matthias vorzuwarnen. Ihr E-Bike war wohl noch nie so hart rangenommen worden, wie nach diesem Fund. Die Strecke Herk-

heim/Utzmemmingen wurde in neuer Rekordzeit zurück-
gelegt. Atemlos stürmte sie ins Haus. „Ich hab' ihn, ich
hab' ihn!"

„Den Stick?" Auch Kaah war augenblicklich auf 180 und
wäre jetzt am Liebsten aufgesprungen. „Zeig', komm
zeig!"

Sie steckten den Datenträger in Kaahs Computer und es
öffnete sich ein chaotisches Sammelsurium von Fotos,
gescannten Schriftstücken, kurzen Videos und offensichtlich wild zusammengetragenen Informationsschnip-
seln, die kein wirkliches Bild ergaben. Es gab weder
Ordner noch Ordnung. Man konnte nur auf gut Glück
hoffen.

„Mein Gott, ist das ein grandioser Verhau", seufzte Matthias, „wie soll sich da ein Mensch zurechtfinden."

Regina setzte sich neben ihn und beide starrten auf die
Dateien, die sie nacheinander aufmachten. „Wir müssen
erstmal Ordnung schaffen. So stresst das Ganze ja nur."

„Wie soll das gehen? Ordnung wie und nach welchen
Kriterien?"

„Machen wir doch erst mal einen Fotoordner, einen Vi-
deoordner, einen für Presseberichte, einen für Schrift-
stücke und einen, wo wir den ganzen Rest stapeln."

„Gute Idee."

Die Realisierung dieser Idee dauerte einige Stunden, in
denen sie konzentriert Licht ins chaotische Informations-
dunkel bringen konnten. Wirklich viel Belastbares fanden
sie allerdings nicht.

„Ich hatte mir mehr erhofft." Matthias war ernüchtert.

„Wirkliche Beweise für konkrete Verfehlungen dieser Firma

haben wir nicht. Die Presse schreibt ja auch nur von Verdachtsfällen und Vermutungen."

„Warte mal. Ganz so substanzlos ist die Sache dann doch nicht. Sieh' doch mal." Regina klamüserte die konkreten Informationen zusammen. Tatsache war, dass sowohl Frau Wolkov als auch Frau Tanja Solowkina, das Objekt der jugendlich-pubertären Begierde der beiden Jungs ein und dieselbe Person waren. Obwohl Frau Solowkina nicht ganz so ästhetisch-chirurgisch optimiert war, wie ihre spätere Version. „Das ist doch schon mal unstrittig", stellte Regina fest. „Und dass sie Knall auf Fall auf scheinbar Nimmerwiedersehen verschwunden ist, steht ja auch in den Presseberichten."

„Dann haben wir die Indizien für großflächigen Pflegebetrug, also die Abrechnungen der nicht erbrachten Pflegedienstleistungen." Matthias wunderte sich nicht zum ersten Mal, wie lasch auch in diesem Fall die Krankenkassen mit den Hinweisen auf den Abrechnungsprüfungen umgegangen sein müssen.

„Dann gibt's hier ja das Video mit der Aussage von diesem Dennis, dass er immer nur einmal im Monat hingegangen ist, einen Wisch unterschrieben hat und Geld dafür bekam."

„Das reicht doch."

„Reicht wofür?"

„Damit zur Polizei zu gehen. Und dass die diese Mordermittlung wieder aufnehmen."

„Sie haben doch noch niemals in diese Richtung ermittelt", sagte Matthias, „meinst Du mit diesen Fakten rasen die jetzt auf einmal los?"

„Ich weiß nicht. Vielleicht hast Du recht."

„Also was tun?"

„Lass uns darüber schlafen. Wenn wir da was erreichen wollen, werden wir uns auf einen langen Weg vorbereiten müssen - und einen langen Atem brauchen."

„Haben wir das nicht schon mal gemacht? Und sind wir nicht als Sieger ins Ziel gekommen?" Matthias zeigte mit einem breiten Grinsen, dass er auf den Nördlinger Stadtlauf anspielte.

Eigentlich war es ja ein ganz großes Ziel Matthias Kaahs, eines Tages den New-York-Marathon, zusammen mit Regina und Markus zu laufen, er wollte sich natürlich dabei aufs Rollen beschränken. Markus hat den Trip schon hinter sich, Regina und er träumen noch weiter. Aber für den Nördlinger Stadtlauf hat es immerhin gereicht. Was heißt gereicht: Noch niemals zuvor hat jemand mit seiner Einschränkung an so einem Laufevent unter nicht gehandicapten Läufern teilgenommen, das alljährlich rund um die Stadt, die circa 6 Kilometer lange Stadtmauer entlang, verläuft. Beileibe nicht nur auf Asphalt, sondern den meisten Teil der Strecke sogar über Schotterpisten und zum Teil auch Kopfsteinpflaster. Eine große Herausforderung an den Körper und die ihn umgebende Technik. Monatelang haben sich die beiden auf das Ereignis vorbereitet, sind die Strecke abgelaufen, in langsamem Tempo abgefahren und haben sich dann langsam gesteigert. Auch am Rollstuhl selbst mussten technische Anpassungen vorgenommen werden, er musste so eingestellt werden, dass er zum einen schneller läuft und konsequenterweise dann auch besser bremst. Die Akkus und Ladegeräte mussten den Belastungen standhalten und nicht zuletzt musste Matthias so im Rollstuhl fixiert werden, dass er die Belastungen beim Sitzen und der Überbeanspruchung des Kopfes und der Halswirbelsäule beim schnellen Fahren ertragen konnte.

Am Abend vorher wurde im Team nochmals die Checkliste abgearbeitet, ob auch an alles gedacht worden war. Was Matthias Kaah aber nicht davor bewahrte, am für ihn großen Tag hypernervös zu sein und Regina schon in aller Frühe mit Whatsapp-Nachrichten zu bombardieren, damit ja auch alles klar gehen würde.

Der Moment des Starts, hinter allen aufrechten Läufern aus der letzten Startreihe, damit auch niemand behindert wurde. Start. Adrenalin pur, unterwegs die reine Freude, begleitet von großer Angst vor irgendwelchen Unwägbarkeiten. Dann die ersten Überholvorgänge – Regina und er passierten mehr und mehr Läuferinnen und Läufer, die sich hinter ihnen einreihen mussten. Die von ihnen Überholten, nahmen es aber durchweg humorvoll und winkten ihnen in der Regel freundlich nach. Dazwischen die Anfeuerungen der Zuschauer, die laute Unterstützung der Bands, die entlang der Strecke Musik machten.

Was für ein Erlebnis für Matthias, aber auch für Regina. Dann der Einlauf ins Ziel, die Stimme des Streckensprechers überschlug sich fast bei der Ankündigung, dass die beiden jetzt Richtung Ziel laufen würden. Der große Beifall, die reine Freude, der Spannungsabfall, die Erschöpfung, das Weinen vor Glück.

Erst Ruhe, ganz in sich gekehrt, freundliche und freudige Gesichter um ihn herum, Glückwünsche von allen Seiten. Doch, vor allem anderen, große Dankbarkeit für Regina, ohne die er das niemals geschafft hätte und die wieder einmal mehr für Matthias über ihre eigenen Grenzen gegangen war.

„Wir müssen mit dem, was wir haben, Wolkov angehen", sagte Matthias, nachdem er mehr als eine Nacht darüber geschlafen hatte und aus den verwilderten Dateien von Marvin nicht sehr viel mehr hatte extrahieren können. Einzig die Anklagepunkte, die anscheinend in Brandenburg gegen diese Firma der Frau Solowkina vorliegen, sind wirklich greifbar und anscheinend bewiesen: Gewerbsmäßiger Betrug, Urkundenfälschung, Insolvenzverschleppung, Vorenthalten von Sozialversicherungsabgaben und nicht zuletzt Steuerhinterziehung, anscheinend in Millionenhöhe.

„Was meinst Du, wie viel Geld da verschoben wurde, wenn schon die Anklage auf Steuerhinterziehung von solchen Zahlen ausgeht." Matthias war überzeugt davon, dass Solowkina ein erkleckliches Millionenvermögen angehäuft hat. Auf Kosten der Patienten, der Krankenkassen und des Staates.

„Ich bin mir sicher, dass beide unter falschem Namen hier genauso weiter machen wie bisher - nur jetzt auf legalem Weg, alles bestens geführt, sauber und korrekt abgerechnet. Dass sie so ihr illegal angehäuftes Geld waschen."

„Ich kann mir nicht vorstellen, dass man einfach seinen Namen ändern kann, umziehen, und dann mit einer neuen

Firma so mir nichts, dir nichts weitermachen kann." Regina hatte Zweifel. „Das muss doch den Behörden auffallen."

„Müsste den Behörden auffallen", korrigierte Matthias, „Du hast das doch neulich selbst alles recherchiert. Ich habe mir das jetzt auch mal genauer angesehen. Tatsache ist nach wie vor, dass viel zu lasch, mit viel zu wenig Personal kontrolliert wird. Das Netz ist voll von Fällen, wo Leute sich Millionensummen ergaunert haben. Und immer noch frei rumlaufen."

„Komm, das kann doch nicht sein. So dumm kann doch der Staat nicht sein."

„Der Staat. Wer ist der Staat? Bei uns stehen sich doch die Landesbehörden gegenseitig im Weg. Es gibt kaum Kommunikation, keinen Datenaustausch. Das ist eine gmahde Wies'n für Betrüger."

„Und die Krankenkassen?"

„Die sind zum einen Teil Konkurrenten und zum anderen Teil aufgebaut wie die Länder – AOK Bayern, AOK Baden-Württemberg usw."

„Und niemand haut da mal so richtig rein?"

„Anscheinend nicht. Anscheinend gibt es immer noch genügend Geld. Die Steuer- und Beitragszahler sind ja da."

„Unfassbar."

„Allerdings. Du siehst. Wir müssen die Sache selbst in die Hand nehmen."

„Ich weiß nicht. Ich traue mich das nicht. Wir können doch nicht unser aller Leben aufs Spiel setzen. Und das tun wir, wenn wir Wolkov und seinen Clan unter Druck setzen. So, wie es höchstwahrscheinlich Marvin versucht hat. Das Ergebnis ist bekannt."

„Das ist jetzt das erste Mal, seit ich Dich kenne, dass Du zögerlich bist", sagte Matthias, selbst alles andere als entschlossen. „Wollen wir ein Sankalpa verankern?"

„Bist Du Dir sicher?"

„Ja!" Matthias Kaah war jetzt schon entschlossen. Mit einem Sankalpa wollte er sich die letzte Sicherheit holen.

Sankalpa ist ein Begriff aus dem Yoga, genauer gesagt, dem Yoga Nidra, das Matthias von Regina gelehrt bekommen hatte. Yoga Nidra ist eine Meditation im Liegen, die häufig zur Entspannung angewendet wird, sie kann aber so viel mehr: Es ist eine Praxis, die das Bewusstsein ausdehnen kann über alle Dimensionen von Körper, Geist und Seele. Seit Matthias von Regina gesprochene Anleitungen in dieser Technik kennengelernt und gespürt hat, wie gut ihm das tut, praktiziert er das regelmäßig. Yoga Nidra ist für Laien, die es nicht kennen, schwer zu erklären: ein Zustand zwischen Schlaf und Wachsein. Ein halber Schlaf- und ein halber Wachzustand. Mehr ein Zustand des bewussten Schlafs, in dem man aufnehmen kann, was vor sich geht. Im Yoga Nidra kann man die Erfahrungen aufnehmen, die man im bewussten Zustand nicht empfangen kann. Wenn man etwas im Wachzustand nicht richtig wahrnehmen kann, kann es eine Möglichkeit sein, sich in Yoga Nidra zu begeben, um es zu erfahren.

Seitdem Matthias Kaah das kennt und praktiziert, schläft er besser, ist gelassener und widerstandsfähiger und hat dennoch ein für ihn spürbar höheres Energielevel. Er hat kaum mehr Ängste und Depressionen, seine chronischen Schmerzen sind leichter zu ertragen.

„Glaub' mir", hatte Regina ihn damals gebeten, „Du wirst Deine Selbstheilungskräfte aktivieren, das Immunsystem stärken und ein stabiles Gleichgewicht im Körper-Geist-Seele-System erreichen. Ob man sich nun bewegen kann oder nicht. Für jeden gibt es einen Weg."

Obwohl Matthias nicht wirklich daran geglaubt und er die Praxis nur Regina zuliebe erprobt hatte, war er bass erstaunt, dass ihre Versprechungen größtenteils eingetreten sind.

Nachdem er am eigenen Leib erfahren hatte, dass Yoga Nidra weit mehr als nur eine Entspannungsübung ist, hatte sich Matthias Kaah auch mittels wissenschaftlicher Unterlagen schlau gemacht. Und tatsächlich, es scheint bewiesen zu sein, dass Yoga Nidra das Hirn in einen harmonischen Zustand versetzt, sodass auch Körper und Geist trotz Bewusstheit entspannen. In Untersuchungen konnten Veränderungen in der Gehirnaktivität beobachtet werden, eine verbesserte Durchblutung und die Senkung des Blutdrucks.

Besonders fasziniert hatte ihn allerdings die Möglichkeit der Intention, das sogenannte Sankalpa. Was nichts anderes bedeutete als einen Entschluss oder etwas, was man unbedingt erreichen will, im Bewusstsein zu manifestieren. Genau das wollte Matthias Kaah jetzt unbedingt.

„Lass' uns bitte anfangen." Matthias konnte es kaum erwarten, von Regina in den Zustand versetzt zu werden, dass dieses Sankalpa wirken konnte. Regina hatte sich extra für den nächsten Abend Zeit genommen.

Nach seinem Abendritual, wenn er normalerweise allein sein wollte, um den Tag zu verabschieden und langsam einzuschlafen, war seine Yoga-Lehrerin bei ihm und begann das Ritual. Vierzig Minuten hatten sie sich vorgenommen.

Mit der Anfangsentspannung wird die Körperspannung langsam abgebaut und Matthias seiner selbst und der Umgebung bewusster. In dieser Phase geht es Regina darum, dass er von der großen, äußeren Wahrnehmung zur subtilen inneren Wahrnehmung übergeht.

Dann beginnt die Intention, das Sankalpa und Matthias wird gebeten, seinen Entschluss ein paar Mal mit vollem Glauben und voller Überzeugung mental zu wiederholen. „Ich bin erfolgreich, in dem, was ich tue."

Danach lenkt sie ihn mit seiner Aufmerksamkeit durch jedes Körperteil, damit sich der Körper systematisch noch weiter, komplett, entspannt.

Mit der anschließenden Lenkung des Atems wird eine noch tiefere Entspannung erreicht und es werden noch mehr Energien geweckt.

Die Stufe der sensorischen Wahrnehmung stärkt die Willenskraft, indem beide Gehirnhälften angeregt werden. Um danach in die Visualisierungsphase überzugehen, die Matthias auffordert, sich seine lebendige Szene in einem Raum vorzustellen. Er fokussiert sich total und seine Innenwelt wird von störenden Gedanken befreit.

Wenn er dann aufgefordert wird, sein Sankalpa noch dreimal zu wiederholen, wird sein Versprechen an ihn selbst tief in das Unterbewusstsein einsinken und ihn weiter zur Verwirklichung seines Vorhabens motivieren. Das achtsame Zurückkehren, mit dem Regina ihn sanft aus dem Schwellenzustand zwischen Schlaf und Wachsein löste, lenkte sie dann allerdings so, dass ihr Klient, ohne es wirklich konkret zu erfassen, in den echten Schlaf versank. Während Regina ihre Sachen packte, alles weitere dem regulären Nachtdienst überließ und reichlich erschöpft nach Hause radelte.

„Anonym und allein, es geht nur so", war das erste, was Matthias Kaah einfiel, als er am nächsten Morgen aufwachte. Nicht dass er unsicher geworden wäre, ganz im Gegenteil. Er war mehr denn je entschlossen, es mit Wolkov aufzunehmen. Doch Regina hatte recht mit ihrem Zögern. Wenn Wolkov und sein Clan wirklich hinter all dem steckten, was sie ihnen mittlerweile glaubten vorwerfen zu können, war es viel zu gefährlich, sich mit ihnen einzulassen. Er musste anonym bleiben und er musste alleine handeln. Er wollte niemanden gefährden. Und seine beste Freundin Regina schon gar nicht.
Als erstes brauchte er ein Prepaid-Handy. Er organisierte sich einen Termin im Telefonladen. Sobald er mit seiner diensthabenden Assistentin die rechtlichen Hürden im Telefonladen genommen hatte – er konnte und kann ja nicht für sich selbst unterschreiben – nutzte er das neue Gerät sofort. Er machte sich mit Hilfe von Lidia mit der Technik vertraut, verband es auch sofort mit seinem eigenen Equipment. Er wollte niemanden aus seinem Team auch nur bei Handreichungen mit hineinziehen. Er lud das Foto von

Meik, das dieser damals Marvin geschickt hatte, auf das neue Handy und sandte es an die Adresse der Wolkov'schen Zentrale. Er wollte sofort aufs Ganze gehen: „Falls Ihnen diese Frau bekannt vorkommt, Nachricht an ..." Er war unglaublich aufgeregt, als er diese Nachricht absetzte. Matthias Kaah konnte sich auf sein Betreuungs-Netzwerk verlassen. Nicht nur sein Pflegepersonal war für ihn Tag und Nacht erreichbar, sogar von seinen Ärzten, die ihn oft genug seit seiner Kindheit betreuten. Nicht nur ein Mal hatte ihn sein Netzwerk vor dem sicheren Tod bewahrt. Diese Kontakte waren ihm überaus wertvoll. Nicht nur das, sie waren Gold wert, sie retten, wenn es hart auf hart kommt, sein Leben.

Alexander Wolkov war auch in diesem Netzwerk. Wenn er jetzt auf die Nachricht reagieren würde, könnte Matthias ihn leicht identifizieren.

Eine Nachricht! Doch keine Nummer von Wolkov, unbekannt. Nur ein Zeichen: ?

Was sollte er tun? Matthias hatte gedacht, er könne anhand der identifizierten Wolkov-Nummer vielleicht sogar gleich Klartext reden. Was er dann hätte sagen wollen, war ihm allerdings auch noch nicht klar gewesen.

Aber so? Natürlich. Wolkov war kein Idiot. Klar, er würde doch niemals sein überall bekanntes Handy für so etwas verwenden. „Wie naiv bin ich eigentlich?" Matthias schob seinen Gedankenfehler auf seine unglaubliche Nervosität. Er brauchte Zeit zum Überlegen, reagierte nicht.

Stunden später, Nachricht: ??

Kaah hatte immer noch keine Lösung, keinen Plan, was er jetzt machen sollte. Er musste darüber schlafen.

DIE WAHRHEIT KENNT KEIN VERSTECK

Damals hatte er auch geträumt. Geträumt von einem Interview bei einem seiner Lieblingssender in Bayern. In „Mensch Otto", die Talkshow von Thorsten Otto, dem einfühlsamen Moderator des Radiosenders Bayern 3, wäre er gerne auch mal gewesen, doch getraut, sich zu bewerben, hatte er nicht. Erst als ein großer Artikel in der Süddeutschen Zeitung über ihn erschienen war, fasste er sich ein Herz und schickte eine Bewerbung per PC an den Sender. Gleichzeitig bat er Kathrin aus seinem Pflegeteam, das Ganze auch als Brief zu formulieren, Zeitungsartikel und eine Art Lebenslauf beizufügen und per Post nach München zu schicken. Die Hoffnung, eingeladen zu werden, war dennoch nicht allzu groß. Schließlich waren in der Sendung Persönlichkeiten Dauergäste, die erstens prominent waren und zweitens auch sehr viel über einschneidende Lebensereignisse zu erzählen hatten.

Nur zwei Wochen später hatte sein Handy geklingelt. „Guten Tag, Herr Kaah. Hier spricht Julia Liebig aus der Redaktion von Mensch Otto."

Matthias Kaah stockte der Atmen, sein Puls begann zu rasen. Die Frau redete weiter: „Vielen Dank für Ihre Bewerbung, die wir sehr interessant finden. Haben Sie einen Moment Zeit für ein paar Fragen?"

Selbstverständlich hatte er. Er musste auch nur zehn Minuten erübrigen. Dann der Satz: „Gerne möchten wir Sie in die Sendung einladen. Haben Sie Lust dazu?"

Und ob er hatte. Er konnte es nicht fassen, dass er es geschafft hatte. Seine Mutter war die erste, der er die Neuigkeit berichtete.

In den aufregenden Tagen danach folgten zahlreiche Mails vom Bayerischen Rundfunk: zu welcher Zeit musste er wo sein, welches Gebäude, welche Parkplatzzufahrt, welche Nummer? Was muss bedacht werden, was muss er mitbringen? In einem 75-minütigen Vorbereitungsgespräch, drei Tage vor der Sendung, konnte er feststellen, welch professionelle Maschinerie hinter solch einer Sendung steckt. Woher die Redaktion all die Informationen über ihn hatte, war ihm ein Rätsel. Aber alles stimmte.

In der Nacht vor der Sendungsaufzeichnung konnte er kaum schlafen, schon in aller Früh brachen er, Regina und seine Mutter, die bei diesem Termin unbedingt dabei sein wollte, Richtung München auf. Viel zu früh waren sie im Sendezentrum, sodass der ganze Zeitplan der Redaktion etwas ins Wanken geriet: Kurzerhand wurde die kleine Utzmemminger Reisegruppe in der Kantine untergebracht und mit Mittagessen versorgt, obwohl Matthias Kaah vor Aufregung kaum etwas herunterbrachte.
Dann endlich, wurden sie wieder abgeholt, es ging über etliche Aufzüge und Treppenflure, bis ihnen endlich ein Mann freudig strahlend entgegen kam: Thorsten Otto.
So sah er also aus, der Mann, dessen Stimme jeden Tag so gelassen und abgeklärt im Radio zu hören war. Kaah spürte sofort, dass Otto keinerlei Berührungsängste mit ihm hatte. Er gab ihm die Hand und bot sofort das Du an.

Dann ging es durch den Hot-Room zum Studio. Wie Kaah später bei der anschließenden Führung durch das Funkhaus erfahren durfte, war der Hot-Room eine kleine Redaktion, die direkt für die Sendung arbeitete, die „on air" war. Mails, Anrufe und sonstige für die Sendung wichtigen Dinge wurden dort aufgefangen und, je nachdem, direkt in das Sendestudio weitergegeben.

Ein Techniker richtete den Platz, an dem Kaah sitzen sollte, direkt gegenüber dem Moderator ein. Seine Mutter durfte im daneben liegenden Regieraum Platz nehmen. Dann ging es los, die rote Lampe in der Tischmitte ging an und sie waren auf Sendung. Die anfängliche Nervosität, die Matthias noch kurz zuvor fast die Luft abgeschnitten hatte, war wie weggeblasen. Sie sprachen über sein Handicap, seine Hilfsmittel, den Beruf, seine vielen ehrenamtlichen Tätigkeiten und über die Akzeptanz von behinderten Menschen in der Gesellschaft.

Zum Verlauf der Sendung gehörte auch, dass der Gast einen von Bayern 3 erstellten Lebenslauf vorlesen sollte. Für Kaah war es genial, mit welcher Präzision, auf nur wenige Zeilen beschränkt, sein ganzes Leben abgebildet wurde: „Ich heiße Matthias Kaah und mein ganzes Leben kämpfe ich gegen die fortschreitende Muskelkrankheit SMA. Rund um die Uhr bin ich auf Hilfe angewiesen, die Ärzte haben mir als Baby nur vier Jahre gegeben, aber ich bin immer noch da! Mein unermüdlicher Lebensmut und die Liebe meiner Familie und Freunde haben mich so weit gebracht. Ich bin berufstätig und sozial engagiert und wenn ich anderen mit meiner Erfahrung ein Vorbild sein kann, bin ich zufrieden. Denn ich bin überzeugt: Jeder Mensch hat eine Behinderung, nur bei den meisten sieht man sie nicht."

Erst lief alles ganz normal, als Matthias von dem Wunsch erzählte, den „Grafen" von Unheilig persönlich kennenlernen zu wollen. Der Moderator versprach, alles dafür zu tun, dass dieser Wunsch in Erfüllung gehen würde. Mit einem seltsamen Gesichtsausdruck und großer Geste wies er zur Tür und ... es fühlte sich unwirklich an, als diese aufging und der Graf tatsächlich hereinschwebte. Ja, er ging nicht, er schwebte. Und er sah Matthias alles andere als freundlich an. Im Gegenteil, er zeigte eine Fratze und die Frau, die er hinter sich herzog, war Frau Wolkova, deren Lippen noch weiter aufgespritzt waren, ihr Rock war noch kürzer und enger, die Stilettos stachen bedrohlich in die Luft. Beide schimpften jetzt auf Matthias ein, waren über ihm, um ihn herum und sie geiferten so vor Wut, dass sie ihn ganz nass machten. Er wolle sie zerstören und er habe kein Recht und sie werden ihn nie mehr Unheilig-Musik hören lassen, er verdiene das nicht, wenn er weiter auf ihr herumhacken werde. Sogar sein Freund Wolfgang Fierek war inzwischen aufgetaucht, auch er schwebte durch den Raum, auf seiner Harley quer über den Tisch jagend und blies ihm die Auspuffgase ins Gesicht: „Ich kenne Dich nicht mehr, Du wirst niemals mit mir durch die Prärie düsen, Du bist nicht mehr mein Blutsbruder..."
Matthias war außer sich, versuchte sich zu wehren, aber er konnte sich nicht bewegen, er wollte erklären, sein

Mund war so ausgetrocknet, er konnte ihn nicht mehr öffnen, er brachte kein Wort heraus. Verzweifelt rang er nach Fassung, während die Fratze von Wolkova immer näher kam... bis er schweißgebadet aufwachte.

Anja war über ihm, beugte sich sorgenvoll zu ihm herunter „Was ist denn los mit Dir", fragte sie nur, sie wirkte hilflos, seine Werte waren in Besorgnis erregende Höhen geschnellt: „Soll ich einen Arzt rufen oder Regina verständigen?"
„Nein ... nein, bitte nicht", wehrte Matthias sofort ab, „ich habe nur schlecht geträumt. Alles gut, ich beruhige mich gleich wieder."
Er wollte und musste schnell runterkommen, er atmete tief durch, so gut es eben ging, der Traum hatte ihm stark zugesetzt. Er hatte nicht gedacht, dass ihn die Situation auch noch im Schlaf verfolgen würde. Und Regina durfte auf keinen Fall erfahren, dass er emotional so durcheinander war. Sie würde sofort Eins und Eins zusammenzählen und er würde niemals in Ruhe seinen Plan weiterverfolgen können. Denn einen Plan hatte er jetzt, trotz Horror-Traum.

Am nächsten Morgen, wieder eine Nachricht: ??? Matthias Kaah hatte genug von der Versteck-Spielerei, der Traum hatte ihm den Rest gegeben. Er musste jetzt handeln. Er antwortete: „100.000!"
Nichts, keine Antwort, kein Zeichen, auch keine Fragezeichen mehr. Matthias wartete ein paar Stunden ab, dann legte er eine Datei nach: die Video-Datei mit der Aussage von Dennis.

„10.000", mehr nicht."

„Ganz oder gar nicht. Oder ich lege nach."

„Gib' Zeit!"

„48 Stunden."

Es waren mit die längsten 48 Stunden, die Matthias Kaah verbracht hatte. Vor allem, dass er Regina und Markus nicht mit einbeziehen konnte und vollkommen allein und auf sich bezogen war, schmerzte ihn. Aber da musste er durch. Er war so angespannt, dass an normale Büroarbeit nicht zu denken war. Er ließ sich in seiner Firma ein paar Tage entschuldigen. Es ging ihm ja tatsächlich nicht besonders gut.

„50. Keinen Cent mehr!"

Sie hatten angebissen. Kein Zweifel, jetzt wurde es ernst. Er durfte jetzt keine Fehler machen. Ein „Nicht verhandelbar!" schickte er zurück. Einen ganzen weiteren Tag lang herrschte Stille. Matthias schickte den Zeitungsbericht mit den Vorwürfen der Staatsanwaltschaft aus Brandenburg. Dann, eine Stunde später: „Morgen, 12.00 Uhr. High Noon!"

„Was? Wie? Wo?"

Matthias Kaah schlug das Herz bis zum Hals. Wo könnte man sich treffen? Möglichst unauffällig. Es müsste irgendwo geschützt sein, er müsste stressfrei hinrollen können. Es dürften keine ungebetenen Gäste und Zuschauer dabei sein. Wie gerne hätte er jetzt mit jemandem darüber gesprochen, Regina fehlte ihm schon mächtig. Kein öffentlicher Platz war wirklich geeignet, im Gelände konnte er sich sowieso alleine nicht frei bewegen. Es musste ein gut zugängliches, aber eher nur halböffentliches Gelände sein. Puh, schwierig.

Oettingen! Ja, klar, Oettingen. Das Wörnitz-Freibad. Das hatte er unlängst einmal besichtigt. Das war frei zugänglich, einigermaßen geschützt, die Wege dorthin waren geteert. Und wenn nicht gerade Hochsommer und Badewetter war, konnte man dort relativ ungestört flanieren. Auch als Rollifahrer.

Adrenalin schoss ihm in den Körper, er war aufgeregt wie ein Schüler vor seinem ersten Date. So etwas ähnliches, wenn auch ungleich risikoreicher, war sein Vorhaben ja auch. „100.000. Sporttasche. Wörnitzfreibad Oettingen."

„Garantie?"

„Keine. Aber Versprechen."

„Zu wenig Sicherheit."

„Dann nicht. Die Polizei wartet."

„Okay. Wann?"

Matthias checkte noch kurz den Wetterbericht. Für die nächsten Tage war eher trübes, kaltes Wetter angesagt. Also keine Gefahr, von Sonnenanbetern und Badegästen überrannt zu werden. „Übermorgen. 11 Uhr."

„Allein. Keine Polizei." Die Antwort kam nur Sekunden später. „Im Tausch mit Unterlagen."

„Deal!"

Jetzt gab es kein Zurück mehr. Er wusste nicht, wie er mit der Spannung umgehen sollte, die auf ihm lastete. Er hatte gefühlt 300 Puls. Seinen Herzschlag spürte er im ganzen Körper. Hatte er sich zu viel zugemutet? Konnte er das überhaupt? War er so cool? Die Spannung ließ nicht nach. Der Tag und die beiden Nächte dazwischen waren zwar nicht mehr von Albträumen geplagt, aber Matthias konnte keinen wirklich klaren Gedanken fassen. Alles in ihm fokussierte sich auf das Treffen.

Plötzlich hatte er Angst vor seiner eigenen Courage. Was wollte er überhaupt mit dem Geld? Hatte Marvin die Wolkovs eigentlich auch erpresst? Und musste er deshalb sterben? Was machte er selbst, wenn er das Geld hatte, aber keine Beweise mehr? Es stand für ihn fest, dass er die Beweise nicht alle preisgeben würde. Doch dann würde er sich ja auf eine Stufe mit den Betrügern - und Mördern stellen. Immer mehr Zweifel keimten in ihm auf. Am liebsten hätte er alles abgeblasen. Doch jetzt war es zu spät.

Und was, wenn ihm nach dem Leben getrachtet würde? Angst vor dem Tod hatte er nicht, viel zu oft hatte er dieses Phänomen schon erlebt. Doch wenn ihm tatsächlich etwas zustoßen sollte, wollte er die Sicherheit haben, dass die Schuldigen gefunden und nicht einfach so davon kommen würden. Regina alleine wollte er die Bürde nicht auftragen. Er packte alle Informationen, die sie beide bisher gesammelt hatten, auf einen Stick. Von den ersten verpixelten Wildkamera-Aufnahmen bis zum Dennis-Geständnis. Er nahm auch ein Audio auf, in dem er sich von seiner Familie verabschiedete, von Regina, seinem Team, den Ärzten und allen Freunden, die ihn bisher durch sein Leben getragen hatten. Und er entschuldigte sich bei Regina, dass er sie nicht informiert und diese Aktion alleine durchgezogen hatte. Die Erklärung, dass er das aus Rücksicht auf sie getan habe, würde sie allerdings nicht wirklich trösten.

Wohin mit der Datei? Er hatte den Trick von Marvin mit dem Hinweis auf dessen Datei so genial gefunden. Den Ehrgeiz, ein Beweisstück auch so zu platzieren, hatte er trotz aller Ängste. „Die Wahrheit wird nicht untergehen!" Diesen Satz hielt er für angemessen. Er ließ den Stick von Anja, der diensthabenden Pflegekraft, in ein blick- und wasserdichtes Tütchen verpacken. Sie sah ihn zwar verständnislos an und dachte wohl, er würde in letzter Zeit doch etwas wunderlich. Weder auf ihre Befindlichkeiten noch auf seinen Eindruck bei ihr mochte er jetzt Rücksicht nehmen. Nachher übernahm Lidia, die ihn nach Oettingen begleiten wird. Der würde er das Päckchen geben und behaupten, das wäre eine Art Langzeit-Reinigungsteil für das Aquarium, den man nur reinzuwerfen brauche. Den Satz zur Lösung des Rätsels stellte er als Titelbild auf seinen Rechner. Regina würde sofort begreifen, was das bedeutet. Ein bisschen traurig wäre er schon, wenn er nicht miterleben könnte, wie sich dann die Schlinge um die Wolkovs zuziehen würde.

Etwas inniger als sonst verabschiedete er sich von seiner Mutter, als er an diesem Vormittag aufbrach. Sie wirkte zwar etwas überrascht, aber sie schöpfte keinen Verdacht, dass er etwas anderes als einen ausgiebigen Spaziergang vorhaben würde. Warum er allerdings Rick, seinen Hund, nicht mitnehmen wollte und bei ihr ließ, quittierte sie mit einem Kopfschütteln. Aber so war er halt manchmal, ihr Sohn - eigenwillig. Daran hatte sie sich schon längst gewöhnt.

Die Fahrt nach Oettingen verlief schweigend, Matthias Nervosität schnürte ihm die Brust ein, er atmete schwer und musste sich sehr zusammennehmen, um Lidia nicht umdrehen zu lassen und alles hinzuwerfen. Lidia spürte das natürlich, seine Vital-Werte waren alles andere als in Ordnung, auf ihre besorgten Fragen antwortete er, wenn überhaupt, einsilbig. Es war ihm klar, dass er seinem Team aktuell sehr viel abverlangte. Gerne hätte er alle unterrichtet und sich für sein Verhalten entschuldigt. Und sie umarmt und sich bedankt. Für alles, was sie für ihn getan haben. Er wurde sentimental. Das ist die Anspannung, sagte er sich. Sie parkten am Schießwasen, dem Oettinger Volksfestplatz, der jetzt verwaist war, bis auf ein paar versprengte Wohnmobile, die mit Blick auf die Wörnitz parkten. Lidia half ihm beim Aussteigen und beim Herausrollen. „Fahrstuhl zum Schafott", der uralte Film von Louis Malle mit Jeanne Moreau fiel ihm in diesem Augenblick ein. Was seine Aufregung nicht eben erträglicher machte. Schweigend fuhr er mit Lidia, die neben ihm her ging, durch den kleinen Park vor dem Eingang zum Wörnitzbad. Es sah alles so friedlich aus, die hohen alten Bäume, das Gras schien noch grüner zu leuchten als sonst. Sie kamen am neu gestalteten Minigolfplatz vorbei. Ein paar wenige Menschen spielten dort sogar. Das wunderte ihn dann doch, so früh am Tag hatte er noch nie jemand gesehen. Er hoffte nur, dass nicht auch noch Badegäste auf der anderen Seite der seit einiger Zeit so schick renovierten Freibadanlage auftauchen würden.

Kurz vor dem Eingang überrumpelte er Lidia mit der schroffen Ankündigung, jetzt ein paar Minuten allein sein zu wollen: „Am besten, Du wartest hier auf mich. Schau doch den Golfern zu. Vielleicht kannst Du noch was lernen." Matthias versuchte es mit einer Prise Humor. So richtig gelingen wollte es ihm nicht, Lidias besorgter Blick bestätigte das: „Ist wirklich alles in Ordnung mit Dir?" „Ja, echt. Wirklich. Alles gut. Es passt. Glaub' mir." Sogar für Matthias war das etwas viel Beschwichtigung. Aber Widerrede ließ er jetzt nicht zu. In den Abgrund sehen musste er alleine.

Er rollte los. Durch den offenen Eingangsbereich hinter die Gebäude. Von hier aus konnte ihn niemand mehr sehen. Weder die Minigolfer noch Lidia. Zu seiner Beruhigung waren keine Gäste auf der anderen Seite, das Gelände war leer, der Kinderspielbereich totenstill, zum Wasser waren es in jeder Richtung nur ein paar Meter. Ein wirklich schönes Bad, hätte er sicher bemerkt, wenn er ein Auge dafür gehabt hätte. Wieviel Uhr war es? Noch fünf Minuten. Kaah verharrte, Stille. Nur sein Herzschlag war bestimmt bis zum Parkplatz zu hören.
„So so, der Krüppel."
Matthias fuhr zusammen. Hinter ihm war ein Mann aufgetaucht. Typ Türsteher. Groß, grobschlächtig, zum Erbrechen unsympathisch. Ganz in Schwarz gekleidet. Baseballcap.
„Haben Sie das Geld?" Kaah überhört die Unverschämtheit.
„Hast Du das Material?" Manieren hatte er auch keine, stellte Matthias fest, obwohl er fast besinnungslos vor Beklemmung war.

„Wie versprochen."

„Zeig' her!"

„Zeigen Sie mir das Geld."

Der Mann hatte eine Sporttasche geschultert. Nahm sie ab und zog den Reißverschluss auf. Hielt sie in Richtung des Rollstuhls.

„Hängen Sie ihn hinter mich. Rechter Griff. Links hängt die Tasche mit dem Stick. Da ist alles drauf." Der Mann ging um den Rollstuhl herum, hängte die eine Tasche ein und nahm die andere.

„Da ist auch alles drauf?"

„Ist da auch alles drin?" Matthias antwortete wie der Lösegeldprofi aus dem Krimi-Vorabendprogramm im Fernsehen.

„Verarscht wird nicht. Kapiert?"

„Vertrauen gegen Vertrauen."

„Hör zu, Du Wicht." Der Mann beugte sich vor, seine Fratze war direkt vor seinem Gesicht. „Wenn Du uns verarschst, brech' ich Dir das bisschen Hals, das du noch hast."

„Sagen Sie schöne Grüße an Ihren Chef. Ich bin im Gegensatz zu ihm, ein Ehrenmann. Schon immer gewesen."

„Halt Dein blödes Maul!"

„Und grüßen Sie auch Ihre Chefin recht schön!" Matthias wurde, ganz im Gegensatz dazu, wie er sich fühlte, mutig. „Wenn Sie mich jetzt bitte entschuldigen wollen. Ich habe zu tun."

Das war anscheinend zu viel für die kurze Zündschnur des Hünen: „Wenn Du gehst und wann Du gehst und wohin Du gehst, Du Wicht, das entscheide ich." Er packte den Rollstuhl und schob ihn mit voller Kraft Richtung Wasser. Matthias Kaah gelang es, die elektronische Bremse zu aktivieren. Der Rollstuhl stand wie festgenagelt. „Wenn Du denkst, Du kleines Arschloch, Du kannst Dich damit retten, bist Du falsch gewickelt." Der Mann tobte um den Rollstuhl herum, löste mit zwei gekonnten Griffen rechts und links, die nur ein versierter Techniker kennen konnte, die Bremsen und zerrte mit voller Wucht am Rollstuhl. Dann raste er hinter ihm schnaubend und vor Zorn kläffend Richtung Wasser. „Versaufen sollst Du. Versaufen!"

Kein Mensch in der Nähe, der Matthias jetzt noch retten könnte. Das ist das Ende, er sah den Fluss auf sich zu kommen, die für Badegäste so bequem gestaltete Uferbefestigung war jetzt die Rampe für seine Fahrt in den Tod.

In diesem Moment dachte er an Regina, dachte in diesen letzten Sekunden daran, wie sie ihm mehr als einmal das Leben gerettet hatte. Einmal sogar an Weihnachten: Am ersten Weihnachtstag war ihm beim Abendessen ein Speiserest im Hals stecken geblieben. Die damalige Assistenz hatte damals das Schlimmste verhindert, aber es gab dennoch keine Garantie, dass das Stück nicht in die Lunge geriet. Anruf bei Regina, Anruf beim Notarzt, Regina und die Helfer mit Blaulicht trafen gleichzeitig ein. Regina packte in Windeseile alles, was notwendig war: Kleidung, Dokumente, Ernährungspumpe, Beatmungsgerät, deren Ladegeräte und sonstige sehr spezielle Dinge. Ab in den Krankenwagen, die Sanitäter waren heilfroh, dass Regina mit ihrer Erfahrung und Expertise dabei war. In der Klinik wurde klar: Endoskopie, die Ärzte trauten sich nicht ran, da bei Matthias auch eine Kiefergelenkskontraktur, Ateminsuffizienz und einige Dinge mehr gleichzeitig berücksichtigt werden müssen. Eine Sedierung macht mehr kaputt als gut, also Augen zu und durch. Regina erkennt an seinem Augenaufschlag, wie weit sie gehen kann. Ob er die Schmerzen aushält oder nicht. Die Ärzte wollen nicht in die Mundhöhle, Regina nimmt ihren Finger, hält den Mund auf, erst dann greifen sie ein. Blut, nach Luft hecheln, alles dabei. 100% Erstickungstrauma. Nach jeweils 2 x 1 Minute Endoskopie ohne Atmung, endlich raus mit dem Teil. Zweimal 60 Sekunden zwischen Leben und Tod, zweimal 60 Sekunden, die er ohne Regina nicht überstanden hätte. Und jetzt sollte das alles vorbei sein?

Ohrenbetäubender Lärm. „Hier spricht die Polizei. Bleiben Sie sofort stehen, oder wir schießen!" Der Mann zögert. Es knallt. Ein Schuss? Matthias ringt nach Luft. Der Mann lässt ihn stehen, rennt los, verliert das Gleichgewicht, stürzt, rappelt sich auf, rennt weiter. Von überall her kommen Beamte. Auch Rick rast wie wild um die Ecke, jemand muss ihn mitgebracht haben. Er reißt Podorov zu Boden. Die Beamten stürzen sich auf ihn. Matthias bekommt keine Luft mehr, sein Herz will platzen, im Kopf explodiert alles, was er denken kann.

RUHM IST EIN SCHATTEN, WENN ES UM INNEREN FRIEDEN GEHT

„Hallo, da bist Du ja wieder!" Regina lächelte Matthias Kaah so strahlend an, das konnte nur ein Engel sein. Doch das Ambiente um sie herum war alles andere als himmlisch. Er lag in einem Krankenwagen, verkabelt wie auf der Intensivstation und unfähig, eine Antwort zu geben.

„Wenn Du noch einmal so einen Alleingang veranstaltest", rüffelte ihn Regina streng, doch ihr Lächeln im Gesicht sprach eine andere Sprache, „dann wirst Du mich aber kennenlernen!"

„Wir sind so froh, dass Du wieder da bist", hörte er Lidia von der anderen Seite des fahrbaren Krankenbettes.

„Ich verstehe nicht ..." stammelte Kaah.

„Du bist in Sicherheit! Jetzt!" Regina wurde ernst. „Wenn wir nicht eingegriffen hätten, lägst du jetzt auf dem Grund der Wörnitz."

„Oder wärst bis Munningen abgetrieben", glänzte die gebürtige Polin Lidia mit ihren Ortskenntnissen.

„Was ist passiert?" Matthias versuchte sich in klarem Denken. Bisher ohne Erfolg.

„Ruh' Dich erst einmal aus. Sie bringen Dich jetzt zur Beobachtung ins Krankenhaus. Wenn alles klar geht, dürfen wir am Wochenende wieder nach Hause." Regina war so streng heute.

„Was ist denn los?" Kaah war ratlos. „Warum seid Ihr denn alle so komisch? Hab' ich was falsch gemacht?"
„Das reden wir dann, wenn Du wieder zu Hause und auf dem Damm bist." Regina kannte anscheinend heute kein Pardon. „Lidia begleitet Dich jetzt nach Nördlingen." Damit stieg sie aus. Matthias bekam nur noch mit, dass vor dem Krankenwagen mächtig Betrieb sein musste. Dann schlief er wieder ein.

Tatsächlich war um den Krankenwagen herum eine Menge los. Wenn Matthias auch geplant hatte, niemanden aus seinem Team möglicherweise mit ins, wie er befürchtete, Verderben zu ziehen und deshalb alles alleine regeln wollte, kannte er Regina immer noch ziemlich schlecht. Selbstverständlich hatte sie Lunte gerochen. Sie hatte sowohl Lidia als auch Anja ins Vertrauen gezogen, um sie dazu anzuhalten, ihr alles mitzuteilen, was Matthias versuchen würde, an ihnen vorbei heimlich zu regeln. Seitdem war jede Bewegung, jede Gefühlsregung und jedes Allein-Sein-Wollen geradezu akribisch beobachtet und mit Regina geteilt worden. Spätestens seit der Sache mit dem Stick war allen klar, was Matthias Kaah vorhatte.
Schon ein paar Tage vorher hatte sie bei der Polizei vorgefühlt. Die Ablehnung, im Fall Marvin weiter zu ermitteln, war bei der höheren Dienststelle in Dillingen - nach Reginas Vorlage weiterer Indizien und aufgrund schon getätigter eigener Recherchen in den neuen Bundesländern - der Überzeugung gewichen, dass man hier doch „mit dem großen Besteck" arbeiten müsse. Freilich hatte man

weitergehende eigene Ermittlungen im Vorfeld verboten, was Regina zwar versprochen hatte, aber natürlich nur für sich selbst tun konnte.

Was ihr Chef tun würde, darauf hatte sie ja keinen Einfluss und davon auch keine Kenntnis gehabt, erzählte sie, die Verzweifelte gebend, als sie bei der Kripo anrief und die absolute Dringlichkeit schilderte, da Matthias mit seinem Alleingang dabei war, sich in höchste Gefahr zu begeben. Was Regina nicht für möglich gehalten hatte, war dann eingetreten. Ohne weiteres Zögern und ohne irgendwelche Vorwürfe in ihre Richtung, alarmierte die Dillinger Behörde ein Sondereinsatzkommando, das – gerade noch rechtzeitig vor Kaahs geplanter Geldübergabe – das Oettinger Freibad umstellte und sich vor allem im Gelände und in den Gebäuden rund um den Eingang verbarg, um die Ego-Aktion Matthias Kaahs abzusichern. Wenn Kaah die Ruhe gehabt hätte, genauer zu beobachten, wäre ihm sicher aufgefallen, dass die hohe Anzahl an vormittäglichen Minigolfern vor dem Freibad zumindest ungewöhnlich war.

Selbst Ruslan Podorov, der Vertraute, Hausmeister, Handlanger und Mann fürs Grobe bei Wolkov, wie sich nach seiner Überwältigung und Verhaftung herausstellte, hatte nichts bemerkt, so gut getarnt war die Aktion der Polizei.

Die nach der Verhaftung des Mannes sofort auch der Wolkovs habhaft werden wollte, doch die beiden hatten die Aktion wohl irgendwie beobachtet und befanden sich bereits auf der Hals-über-Kopf-Flucht, was die große Unordnung sowohl in der Unternehmenszentrale als auch in der Privatvilla des Paares bewies.

Selbst eine Großfahndung nach einem der Wagen der beiden brachte nichts ein. Man vermutete sofort, dass sie sich wohl per Flugzeug absetzen wollten. Doch dass der Privatjet, mit dem sie sich absetzen konnten, nicht von Stuttgart, München, Nürnberg, Augsburg oder Memmingen aus startete, sondern vom Waldburg-Zeil-Flugplatz in Leutkirch abhob, war die einzige, wenn auch bedauernswerteste Panne, die im Zuge der weiteren Maßnahmen eintrat.

Podorov schwieg während der polizeilichen Vernehmungen und äußerte sich auch sonst nicht in dem Fall. Man konnte ihm aber – anhand der verpixelten Wildkamerabilder – aus denen die Polizeitechniker doch noch mehr als erwartet herausholen konnten – den Mord an Marvin nachweisen. Und selbstverständlich den Mordversuch an Matthias Kaah. Nebst weiterer, im Zusammenhang mit den Pflegebetrügereien stehenden Straftaten. Die Spur der Wolkovs verlor sich derweil in den bisweilen undurchsichtigen Weiten Osteuropas.

Was Matthias Kaah natürlich belastete, als er wieder auf dem Damm war und von allen Seiten reflektiert bekam, was er geleistet beziehungsweise angerichtet hatte. Von der Presse und der Öffentlichkeit bekam er im Prinzip nur Heldengeschichten zu hören und wie nicht hoch genug, seine Zivilcourage geachtet werden konnte. Von seinem Team allerdings, explizit von Regina, wie daneben er sich doch benommen und sich selbst solch einer Gefahr ausgesetzt hatte.

Er nahm es hin. Er dachte, beide Extreme hatte er durchaus verdient. Doch aus seiner Sicht hatte er alles gegeben. Er wollte seine Nächsten schützen und für alles, was geschehen war, die volle Verantwortung übernehmen. Auf sich selbst hatte er keine Rücksicht genommen, keinen Augenblick an sich gedacht. Nur das zählte für ihn. Natürlich war das Hallo in der Öffentlichkeit, auch in der Presse, entsprechend. Von überall her wurde er hochgelobt und beglückwünscht. Doch er konnte das durchaus für sich richtig einordnen.

Eines allerdings ging im ans Herz: Marvins Mutter bedankte sich überschwänglich, dass er das Ansehen ihres Sohnes ins rechte Licht gerückt und für ihre Trauer ein würdiges Andenken gefunden hatte.

DIE LEBENSFREUDE LIEGT IN UNS UND UNSEREN BEGLEITERN

Nachdem das mediale Theater vorbei war, konnten sich Matthias und sein Team endlich auf das konzentrieren, was Anfang des Jahres als Solitär ganz oben auf der Agenda gestanden hatte: seinen 50. Geburtstag. Selbstverständlich hatte er sich das Jahr und die Vorbereitungen für das Jubiläum stressfreier vorgestellt, doch er nahm die Dinge schon seit Jahren so, wie sie kamen. Der Utzmemminger Dorfplatz war nach wie vor der Place to be und die Gäste, die Matthias einzuladen gedachte, hatten sich diese Ehre selbst verdient.

Das Wetter spielte, wie bestellt, und – ohne Arroganz – eigentlich auch erwartet, oder besser erträumt, mit. Schon am Tag zuvor wurde das große Bierzelt aufgebaut, obwohl, da war sich Matthias Kaah sicher, nicht allzuviel vom Gerstensaft getrunken werden würde. Seine Gäste waren nicht primär auf Alkoholexzesse aus. Trotzdem hatte er sich von seinem Freund Jörg eine Ausschankstation auf Rädern als Zentrale auf dem Platz aufstellen lassen. Hier sollte das Get Together stattfinden. Außerdem gefiel ihm einfach, wie dieser Mann Arbeit und Vergnügen zu verbinden verstand und in seinem Unternehmen unter anderem sowohl Hebebühnentechnik und auf der anderen

Seite Ausschank- aber auch die darauf folgende Sanitär-logistik verbinden konnte. Schon vor Jahren hatte ihm Jörg als Lebenshighlight eine Fahrt in einer seiner Hebe-bühnen ermöglicht.

Dass dieser nicht ohne Geschenk aufkreuzen würde, war Matthias Kaah klar gewesen, doch dass er seine derzeit größte fahrbare Hebebühne mitliefern würde, daran hat-te er nicht gedacht.

Am frühen Abend sollte das Fest beginnen, so jedenfalls lautete die Einladung. Der kulinarische Erlebnisparcours mit Bierzelt, Eiswagen, Catering-Zelt, DJ-Pult, Kaah-Le-bensmuseum und natürlich auch separatem Pflege-Zelt. Auch die Open-Air-Stehtische vor und rund um die Aus-schankstation waren schon eine Stunde vor der geplan-ten Eröffnung bereit. Matthias sollte als Geschenk, so der Plan von Jörg, schon vor dem Fest in die luftigen Höhen von 70 Metern über seine Heimatgemeinde gehievt wer-den.

Als Matthias in Begleitung seiner Assistenzkräfte eintraf, sah er den riesigen Truck und war total überrascht, dass dieser für ihn aufgebaut war. Er konnte es kaum fassen, dass er schon vor dem ins Auge gefassten Starttermin, emotional aus dieser Fassung gebracht wurde. Sein Puls schnellte, als er des bevorstehenden Ereignisses gewahr wurde, in ungeahnte Höhen. Auf alles hatte er sich vor-bereitet, doch das hier überrumpelte ihn dann doch. Noch bevor das Fest begann, musste er sein Notfall-Betreu-ungszelt in Anspruch nehmen. Sein Puls flippte aus, er musste stabilisiert werden.

Doch die Vorfreude über das Unerwartete überwog die Sorge vor den gesundheitlichen Unwägbarkeiten und so tauschte Matthias Kaah schon vor dem Fest seinen Haus-und-Hof-Rollstuhl gegen ein gewöhnliches Exemplar, puristisch ohne jede Elektronik, denn nur der passte in den Korb der Hebebühne. Und vor allem, er konnte von vier Mann in diesen gehoben werden. Was für ein erhebendes Gefühl, schon weit vor dem eigentlichen Hebevorgang. Alles und alle mussten vorschriftsmäßig gesichert werden, Klettergurte plus Warnwesten inklusive. Natürlich war Regina dabei, Jasmin, die diensthabende Assistenzkraft, Peter Urban, ein Journalist der Rieser Nachrichten, der von Matthias auch als guter Bekannter zum Fest geladen worden war. Er sollte die entsprechenden Fotos machen, um das Fest auch visuell für Matthias unvergesslich zu machen. Sie hatten sich vor Jahren kennengelernt, als Urban für ein Interview mit Regina und ihm ins Haus gekommen war. Sie hatten sich von Anfang an gut verstanden und vor allem, die Reportage war so einfühlsam und bewegend für Matthias gewesen, dass er diesen Mann bei seinem Geburtstag dabei haben wollte. Außerdem hatte er ihn schon vor einiger Zeit unverbindlich angefragt, ob er sich als Autor auch für seine schon lange geplante Biografie prädestiniert fühlen würde. Aber er hatte bis dato noch keine Antwort erhalten.

Es ging nach oben. Jörg, der sich betont cool gab und sogar für alle Bier mitgenommen hatte, steuerte den Korb. Mit jedem Meter wurde auch der Respekt der Insassen höher. Als die 70 Meter Höhe erreicht waren, wurde der Blick nach unten, nur an einem, auf einmal lächerlich schmal wirkenden Träger, irgendwie beängstigender. Obwohl man sich ja trotzdem sicher sein konnte, dass die Technik auf solch eine Höhe 100-prozentig ausgerichtet war. Jörg beobachtete mit sichtlichem Vergnügen, die nicht immer gelösten Mienen der Mitreisenden. Der Ausblick war schlichtweg grandios. Noch nie im Leben hatte Matthias seine Gemeinde aus diesem Blickwinkel gesehen. Es belustigte ihn, wie viele Menschen in und aus ihren Gärten nach oben starrten, einige winkten. Auch aus dem Garten von Matthias Kaah wurde heftig gewunken. Seine Mutter stand da, ihre Gesten wirkten fast ein wenig ungläubig, oder vielleicht ängstlich. Wahrscheinlich sorgte sie sich auf der einen Seite, auf der anderen freute sie sich bestimmt für ihren Sohn. Jörg drehte den Korb, das ganze Ries schien wie ein Panorama an ihnen vorbeizuschweben. Nördlingen, Wallerstein und der Fels mit der Fahne oben, der Goldberg, Bopfingen, der Ipf und, ganz nah, der Riegelberg und die Ofnethöhlen. Was für ein Erlebnis! Eines 50. Geburtstages durchaus würdig. Matthias Kaah war selig. Aber er dachte auch an Marvin. Er richtete still den Blick zum Himmel, grüßte ihn und wünschte ihm alles Gute, wo auch immer er dort oben war.

Lange blieben sie in dieser Höhe und beobachteten fast nebenbei, wie die Gäste ameisenmäßig klein, nach und nach eintrudelten. Zeit, um runterzukommen. In Matthias' speziellem Fall im wahrsten Wortsinn. Er wurde aus dem Korb gehoben, um sich, noch vor der Eröffnung, im Betreuungszelt für seine Gäste frisch zu machen.

Beim Umziehen und Zurecht-Gemacht-Werden fiel ihm – jetzt so kurz vor seinem Fest, wahrscheinlich war das die Aufregung! – ein, wie er sich manchmal für sich und seinen Körper geschämt hatte. Beim letzten Hautscreening zum Beispiel war es ihm wieder passiert. Zum Glück hatte er eine Hautärztin, die Hausbesuche machte, denn es ist für Matthias Kaah extrem aufwendig, außerhalb seiner häuslichen Umgebung den Rollstuhl zu verlassen und sich auch noch komplett ausziehen zu lassen. So aber hatten sie vereinbart, mit Hilfe seiner Assistenz zur Vorbereitung des Besuches Fotos von auffälligen Stellen vorab zu übermitteln. Es wurden Bilder von seinem Rücken gemacht und dabei erinnerte er sich, dass es mindestens zwei Jahrzehnte her war, dass er sich zuletzt komplett unbekleidet gesehen hatte. Aber egal, er wollte die Bilder gleich danach per PC an die Ärztin schicken. Als er die Dateien an diesem Morgen öffnete, traf ihn das, was er sah, wie ein Hammer. Er empfand seinen Körper als extrem hässlich und furchterregend. Er verglich sich unwillkürlich mit Quasimodo aus dem Film „Der Glöckner von Notre Dame". Auf den Bildern war für ihn nichts Ästhetisches mehr, nur seine extreme Skoliose und Kontrakturen, wie man sie von den Phlegräischen Feldern am Vesuv kennt. Er war momentan so erschrocken, deprimiert und traurig, dass ihm sogar der Appetit aufs Frühstück verging. Tagelang schleppte er diese Traurigkeit und Empörung mit sich herum. Erst bei einer Abendwanderung mit Regina platzte dieser Schmerz in ihm, er heulte und schrie seine Verzweiflung aus sich heraus.
Regina schien nicht zu reagieren, schwieg dazu und ging minutenlang weiter durch die Wiesen und Felder rund um

Utzmemmingen neben ihm her. Nur das Zirpen einer Grille war zu hören, sonst war es totenstill. „Matthias", ihre Stimme war leise, fast zärtlich, „Schönheit oder Hässlichkeit ist keine Norm. Es sind lediglich Ansichten, für die es kein Gut oder Schlecht gibt. Niemand kann sagen, was normal ist."
Der Knoten in Kaahs Seele platzte zum zweiten Mal, er konnte seine Tränen nicht zurückhalten. Wie recht sie doch hatte! Wir Menschen versuchen immer alles nach gut und schlecht, schön oder hässlich oder anderen Eigenschaften zu werten. Statt diese zu nehmen, wie sie sind.

Kaahs Assistenzkräfte kennen seinen Rücken durch die tägliche Pflege. Noch niemand von ihnen hatte jemals zu ihm gesagt, dass er einen abnormalen Rücken hätte. Auch für sie gab es kein „normal". Und keine Wertung. Reginas Worte halfen ihm in diesem Moment mehr als 1000 Schönheitsoperationen. Zum wievielten Mal wurde er eigentlich – wie in diesem Fall – durch ihre Lebensansichten wieder motiviert und erleichtert?
Insgesamt waren die Wanderungen mit Regina für Kaah zu einem festen Bestandteil seines Lebens und seines neugewonnenen Mindset geworden. In den Sommermonaten legten sie durchschnittlich rund 1000 km pro Jahr zurück. Auch Tagesausflüge wie zum Beispiel an den Brombachsee, dem Altmühlsee oder dem Staffelsee nach Murnau waren keine Seltenheit für die beiden. Bei jeder Wanderung schöpfte Matthias neue Energie und neue Motivation.

Wahrscheinlich wunderte sich Regina, dass er sein gesamtes Assistenzteam, mitten unter der Vorbereitung für seinen Auftritt, vor Freude und Dankbarkeit hätte umarmen wollen. Er bedankte sich in der Runde, noch bevor das Pflege-Zelt wieder aufging und er herausrollte, überschwänglich für ihr Tun und wünschte ihnen allen ein schönes Fest.

Draußen warteten die Gäste schon gespannt auf das Geburtstagskind. Applaus, Gratulationskuren, Umarmungen und ein großes Hallo. Ein schöner Stehempfang, an einem ebenso schönen lauen Sommerabend. Besser hätte es sich das Team um Matthias Kaah nicht wünschen können. Die Stimmung war prächtig, der Radio-DJ und gute Freund des Hauses, Christof, beschallte bereits das große Zelt und nach den Begrüßungen verlagerte sich das Geschehen langsam hinein. Kaah war gerührt, wie viele Menschen und Wegbegleiter gekommen waren. Familie, Ärzte, Kollegen, Pflegende, Gepflegte, Freunde, Nachbarn. Ein bunt gemischtes Feiervolk, Erwachsene, Kinder, Junge, Alte - und Matthias Kaah im Glück und mittendrin. Er hatte seine Lebenserwartung tatsächlich um lockere 45 Jahre übertroffen.

Nicht zuletzt wegen eines veritablen Wunders der Medizin namens Spinraza. Ein Wirkstoff, genauer gesagt Nusinersen, der erst seit wenigen Jahren bekannt ist. Dieses Medikament wird Matthias Kaah seitdem alle vier Monate im RKU Ulm ins Rückenmark injiziert. Der dort zuständige Neurologe ist Dr. Uzelac. Auch er gehört inzwischen zu

Kaahs unschlagbaren Ärztenetzwerk und ist für ihn immer erreichbar. Spinraza ersetzt den Botenstoff, der die Befehle des Gehirns an die Muskeln transportiert, der dies bei Kaah bisher verweigert hatte. Leider wirkt das Mittel nur bei den Muskeln, die noch intakt sind. Für Matthias Kaah ist die Wirkung dennoch ein Wunder, weil es ihm fast unmittelbar nach der Gabe wesentlich besser geht. Er kann wieder besser atmen, essen, schlucken und vor allem sprechen. Das Wärmeempfinden kommt zurück, er kann den Rollstuhl besser bedienen, weil seine beiden Finger wieder zuverlässiger arbeiten. Nicht auszudenken, wenn es dieses Medikament schon früher gegeben hätte. Heute wachsen Kinder mit seiner diagnostizierten Krankheit, die Spinraza sofort nach der Geburt bekommen, komplett gesund auf. Was wäre, wenn ...

Für Sentimentalitäten hatte er an diesem Abend aber keine Zeit, er ließ sich feiern, er bedankte sich bei allen und jedem für die Begleitung. Aber er wurde auch sehr persönlich und gab die rührendsten, die lustigsten, die für ihn bemerkenswertesten Anekdoten aus seinen Begegnungen zum Besten. Noch vor dem Essen wurde er ernst: Seiner Mutter wollte er einen besonderen Platz bei diesem Fest und mitten unter den Reden einräumen.

„Da hinten sitzt, bescheiden wie immer, ein ganz besonderer Mensch. 1941 geboren, heimatvertrieben, aufgewachsen in Armut. Dann wird sie endlich kurz glücklich, bekommt drei Kinder, eines davon ist schwer krank, wie sich herausstellt. Ihr Mann stirbt, sie muss die Kinder alleine großziehen. Sie hat nie gejammert oder aufgegeben. Sie hat mich niemals im Stich gelassen und immer gekämpft wie eine Löwin – meine Mama!" Dann versagt Matthias die Stimme, es ist mucksmäuschenstill im Zelt. „Dasselbe werde ich auch für Dich tun. So lange ich lebe. Ich kann Dir nicht sagen, wie dankbar ich Dir bin. Ich liebe Dich über alles!"

Sekundenlange Stille, dann Applaus wie für einen Fernsehstar. Die Spannung löst sich, die Feier nimmt Fahrt auf. Matthias bleibt so lange, wie es für ihn eben möglich war. Sein Orga-Team kümmert sich um die Gäste, um die Ordnung und um den Abbau, als hätte es niemals etwas anderes gemacht als Feste durchgeführt.

Der nächste Morgen ist für Matthias wie eine Kindheitserinnerung. Der Tag nach Heiligabend. Ein Erwachen wie an Weihnachten. Geschenke um ihn herum, Blumen, Grußkarten, Briefe, alles voller Glückwünsche. Ungeduldig erwartet er Regina, damit sie gemeinsam auspacken und die vielen Glückwünsche lesen können.

Stunden verbringen sie mit dem Auspacken und Lesen der vielen Glückwunschadressen. Ein Geschenk ist verpackt wie eine überdimensionale Zuckerstange. Nur viel leichter. Regina dreht an den Enden, zieht ein einfaches Blatt Papier heraus, liest es durch, lächelt.

„Was ist das? Lies vor bitte."

„Das Geschenk von Peter."

„Ein Blatt Papier?"

„Ja." Regina grinst. „Das hat er gestern schon Lidia und Anja erzählt. Er war ganz nervös, wollte wissen, was sie davon halten. Er möchte Deine Biografie schreiben."

„Ja super. Aber warum fragt er dann erst die beiden?"
„Er will aus Deiner Biografie einen Kriminalroman machen.
Das hier ist sein Storyboard."
„Echt jetzt? Als Geschenk? Lass sehen, lies mal vor."
„Ich weiß nicht. Ist das nicht eine zu schräge Idee?"

EPILOG

Mail an Peter Urban: „Hallo lieber Peter, ein unfassbares Geschenk, das mich fast vom Rolli riss. DANKE für Dein Brain und Du hast genau ins Schwarze getroffen. Ich bin schon Feuer und Flamme. Regina findet es auch mega!"

That's it ☺
NOW :)

WAHRE IMPRESSIONEN

Rick - mein treuer Begleiter

Die Begegnung mit Tieren ist immer ein großartiges Erlebnis vorurteilsfreier Akzeptanz. Hier spielt das Handicap keine Rolle. Rick ist mein Ausgleich und gibt mir unheimlich viel Kraft. Danke, Rick.

Mein Traum vom Fliegen

Einfach loslassen, was einen runterzieht und genießen. Danke Wolfgang, für dieses unvergessliche Erlebnis

Meine Herzensmenschen

Expertise trifft auf Herzlichkeit und Hilfsbereitschaft. Ohne mein Assistenz- und Ärzteteam wäre ich heute nicht mehr auf Erden. Sie haben mit mir die schlimmsten Zeiten durchgestanden und mir schon viele Chancen geschenkt.

ZUHAUSE

Nach 11 Wochen Krankenhaus und einer Nulllinie gewinnt das Zuhause noch mal an Bedeutung.
Danke an ALLE, die mich in dieser schweren Zeit so unterstützt haben und für mich da waren.

„Auch wenn es aussichtslos scheint - kann sich das Blatt noch einmal wenden"

home

Meine erste richtige Keynote

330 Führungskräfte, Regina, ein Mikrofon und Herzrasen.
Durch die DGM-Muskeltour war ich es gewohnt vor
Menschen zu sprechen, aber diesmal wollte ich mehr. Ich
wollte sie mitreißen, anspornen und an meinem Lebensweg
teilhaben lassen. Nach unserem gemeinsamen Vortrag
erhoben sie sich alle von ihren Sitzen und klatschten
begeistert. Wir sahen Tränen und Bewunderung in ihren
Augen. Ein Gefühl, das wir beide nicht in Worte fassen
können.

Die Blaue Couch mit
Thorsten Otto - Bayern 1

Für rund 800.000 Hörer hat Thorsten Otto sich auf den Weg
nach Utzmemmingen gemacht. Herzlichen Dank für den
Besuch!

Naturliebe

Die Schönheit der Natur schenkt mir viel Kraft. Die frische Luft und die Sonnenstrahlen nähren meine Seele. Sie bieten mir Auszeit und Erholung.

Mein Körper lächelt und sagt DANKE!

Auch ich habe die gesunde Ernährung deutlich unterschätzt. Seit meiner Ernährungsumstellung fühle ich mich deutlich vitaler und habe mehr Lebensfreude.
Wie sagte Ludwig Feuerbach so schön:
„Man ist, was man isst"
Mein Dank geht hier an Regina, die mich auf diesen Weg gebracht hat, denn dadurch fühle ich mich nicht nur besser, sondern konnte auch 50 % meiner Tabletten reduzieren.

Laufen ist mehr als nur Laufen

Obwohl ich seit einem halben Jahrhundert im Rollstuhl sitze und noch nie einen Fuß vor den anderen stellen konnte, hat das Laufen eine sehr große Bedeutung in meinem Leben. Egal ob Stadtlauf, die Marathondistanz oder einfach rund um malerische Seen. Tausende von Kilometer, tausende wunderschöne Momente, die mein Leben verändert haben und mich unglaublich bereichern. Danke Regina, dass Du mir so viele schöne Orte gezeigt hast und stets nach dem Motto „Geht nicht, gibt's nicht" nach Lösungen der Teilhabe für mich suchst.

Papier gegen Leben

Regina hat das Herz am richtigen Fleck. Anderen Menschen Mehrwert schenken hat sie im Blut. Auf der Straße und im Alltag hat sie so feine Fühler, für Menschen die Hilfe benötigen. Sei es eine ältere Dame, die mit Ihrem Rollator mit dem Bordstein kämpft, oder ein Rollifahrer, der nicht an das oberste Regal kommt. Ich bin immer wieder fasziniert, was für ein Auge sie für die Menschen hat und wieviel soziales Engagement in ihr steckt.

Ihren Job in der Betriebsdirektion im öffentlichen Dienst hat sie aufgegeben und wie ihr Lebensgefährte Markus immer so schön sagt: „Papier gegen Leben" getauscht.

Mutterliebe

Zeit meines Lebens hat mich meine Mama niemals spüren lassen, dass ich ein Handicap habe. Sie hat mir eine normale Kindheit geschenkt und mich niemals fallen lassen. Ganz nach dem Motto: Inklusion geht uns alle an. Danke Mama, dass Du Dein Leben nach mir ausgerichtet hast und immer für mich da warst.

Bruder Domenico - mein Himmelsgeschenk

Bruder Domenico gab mir mehr als nur geistlichen Halt. Dieser - wie er immer selbst betonte - „einfache Mönch", der die Gärtnerei des Klosters in Reimlingen leitete, wurde für mich zum Ersatzvater. Er gab mir sehr viel auf meinen Weg mit. Danke, Bruder Demenico - Ruhe in Frieden!

Minimalismus

Regina hat mir gezeigt, dass weniger oft mehr ist. Statt „höher, schneller, weiter" lieber „dankbar, gelassen, achtsam". Regina grenzt sich von „Verschwendung" deutlich ab und setzt den Fokus auf das Wesentliche. Sie reist mit Markus monatelang nur mit Handgepäck um die Welt und erzählt mir oft, wie befreiend sich es anfühlt, nicht so viele Dinge zu besitzen. Minimalismus schenkt uns Zeit, Raum und Zufriedenheit und nimmt uns Angst, Stress und Aufregung. Werte, Beziehung und Gesundheit sind für Regina wichtigere Besitztümer als das nächste Paar neue Schuhe.
Mir geht es genauso – denn auf Schuhe habe ich mein ganzes Leben schon verzichtet. ☺

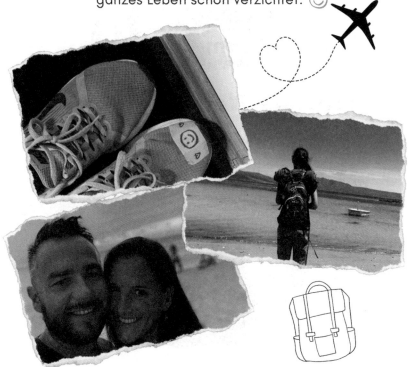

Ofnethöhle

Mit den richtigen Menschen und der richtigen Einstellung werden Träume wahr. 2023 der Besuch der Ofnethöhlen in Utzmemmingen. Der Weg ist alles andere als barrierefrei – doch Barrieren lassen sich verschieben.
Danke Regina, dass Du mir mal wieder gezeigt hast, dass es immer Wege und Lösungen gibt, wenn der Wille stark genug ist. Danke meine Freunde, für Eure Muskelkraft und die Unterstützung zur Erfüllung dieses Traumes.

Freund – Wolfgang Fierek

– Inklusion geht uns alle an –
Danke, lieber Wolfgang, für all unsere gemeinsamen Projekte, die wir die letzten Jahrzehnte gerockt haben.

50 Jahre und 70 m

5 Jahre Lebenserwartung haben mir die Ärzte zugesprochen. Heute bin ich 50 Jahre und ein wahrer Greyager mit Stolz.

Sicherlich war es nicht immer einfach, aber unser aller Leben ist mit Herausforderungen bestückt. Aufgaben, die uns wachsen lassen, die uns lehren und viel auf den Weg mitgeben. Chancen, die wir nutzen sollten und die uns zu dem machen, was wir heute sind.

Wenn man hoch hinaus will, kann man das auch schaffen.

Der Wille zählt.

Mit 50 Jahren und 70 m über meiner Heimat kann ich heute sagen, dass ich dankbar für mein erfülltes Leben, trotz Handicap, bin.

Danke Jörg, für dieses Erlebnis und Danke an all meine Gäste, die diesen Meilenstein mit mir gefeiert haben.

MATTHIAS KÜFFNER

✦ 1973 in Nördlingen

Matthias ist sich sicher, dass der Zweck seiner Existenz ist, Menschen (mit und ohne Handicap) zu zeigen und zu ermutigen, dass man in jeder Lebenslage und mit jeder Herausforderung glücklich leben kann. Denn seit seiner Geburt im Jahr 1973 arrangiert er sich mit einer unheilbaren Muskelkrankheit.

Viele sagen, er wäre ein armer Kerl und bemitleiden ihn. Doch er ist dankbar, dass er durch sein Handicap viele kostbare Erfahrungen machen, unbezahlbare Momente erleben und wertvolle Menschen wie Regina und Peter kennenlernen durfte, auf die er nie hätte verzichten wollen. Er sagt: „Diese Dinge machen mich reich – sehr reich!"

Viele Menschen sehen ihn als Vorbild!

REGINA SCHIELE

✳ 1988 in Nördlingen

Als examinierte Gesundheits- und Krankenpflegerin und Pflegeexpertin für außerklinische Beatmung, begleitet Regina Matthias nun bereits seit über einem Jahrzehnt auf seinem Lebensweg. Die soziale Komponente spielt für Regina neben ihrer Tätigkeit als Marketing-Managerin bei den Digitalen-Ikonen eine zentrale Rolle.

Mit Matthias hat Regina Höhen und Tiefen durchlebt – gelacht und geweint. Als reiselustige Life-Designerin und zertifizierte Ernährungsberaterin konnte sie Matthias in den vergangenen Jahren zu einem gesünderen, zufriedeneren, glücklicheren und freieren Leben mit Weitblick verhelfen.

Als freiheitsliebende „Weltenbummlerin" macht Regina die Entwicklung von Matthias sehr stolz. Sie unterstützt ihn nicht nur dabei mehr Freiheit zu gewinnen, sondern zieht auch ihren Hut vor Matthias, wie er sein Leben trotz Handicap in größtmöglicher Selbstbestimmung lebt.

PETER URBAN

✴ 1955 in Augsburg

Peter Urban ist Creative-Consultant und freier Texter. Das schöne Ries ist seine Heimat.

Die Idee die Höhen und Tiefen aus dem Leben mit Handicap in einen Ries-Krimi einfließen zu lassen kam ihm spontan.

Regina, Matthias und Peter kennen sich schon einige Jahre. Er hat bereits als Journalist der örtlichen Tageszeitung häufig über die beiden berichtet.

Sein Werdegang zeigt einige namhafte Firmen und Werbeagenturen, bei denen er als Konzeptioner, Texter, freier Creative-Director und vieles mehr, tätig war.

Heute ist er als freier Journalist, Moderator und Buchautor tätig.

DANKSAGUNG

Wir bedanken uns von ganzem Herzen bei:

DIR, dass Du unserem Buch Deine Lebenszeit & Aufmerksamkeit geschenkt hast.

Peter Urban, dem Autor. Durch seine Idee und Umsetzung des Krimis hat die Autobiografie quasi an Spiel, Spaß und Spannung gewonnen und ist ein wahrer Gewinn für eine breite Zielgruppe geworden. Herzlichen Dank Peter für Deine Kreativität, die Umsetzung und natürlich auch die grandiosen Abende, an denen wir uns zur „Leseprobe" getroffen haben.

Anita Gentner und Wolfgang Dürr für das Lektorat.

Nina Berger, die ebenfalls an spinaler Muskelatrophie erkrankt ist und neben ihrer journalistischen Tätigkeiten als Fotografin agiert. Herzlichen Dank Nina, für die Cover-Bilder. Mach weiter so und verlier nie den Mut!

Druckerei & Verlag Steinmeier, für die tolle Zusammenarbeit und die schnelle Umsetzung unserer individuellen Wünsche

Allen Freunden und Bekannten, die stets hinter uns stehen und mit uns das Leben rocken.

Allen Unterstützern, ohne die dieses Buch heute nicht auf dem Markt wäre.

Matthias bedankt sich von ganzen Herzen bei:

Allen, die mein Leben bereichert haben. In meinem Leben gab es unzählig viele Menschen, denen ich sehr vieles zu verdanken habe. Da waren alleine über 110 Zivildienstleistende, mehrere Dutzend Assistenzkräfte, zahlreiche Therapeuten, Ärzte und Freunden. Leider war es nicht möglich in diesem Buch alle namentlich zu nennen oder die Geschichten zu erzählen, die mein Leben jedes Mal ein Stück verändert haben. Ich möchte daher ALLEN danken, die mir auf meinem Weg hierher geholfen haben. Danke!

Regina, die mir seit 2010 als ganz besonderer Mensch mit auf meinem Lebensweg gegeben wurde. Sie hat an mir so viel verändert, dass ich mich wie ein neuer Matthias fühle, sie hat mich auf eine andere Ebene gebracht. Durch sie dürfte ich die Kraft des Yoga Nitra erfahren, konnte meine Ernährung auf eine viel gesündere Art umstellen und lernen noch dankbarer zu werden. Sie hat mir geholfen unzählig viele Träume und Wünsche in meinem Leben zu erfüllen, indem sie mich unendlich motiviert und immer wieder ins Bewusstsein gerückt hat, dass es „geht nicht" nicht gibt. Ich weiß nicht, wie ich dieses beschreiben kann. Ich weiß nur, dass ich heute nicht da wäre, wo ich bin. Während ihrer Tätigkeit in den letzten über zehn Jahren hat sie mir mehrfach das Leben gerettet. In ihrer Funktion als Teamleitung meines Teams hat sie ständig alle Vorgänge im Blick und unterstützt mich maßgeblich u. a. dabei neue Assistenzkräfte zu finden.

Last, but not least hat sie unendlich viel Kraft, Zeit, Know-how und Mindset in dieses Buch gegeben. Ich bin unendlich dankbar, dass sich unsere Wege gekreuzt haben. Mit Stolz blicke ich auf mein Leben, besonders aber auf die Jahre seitdem Regina bei mir arbeitet. Danke Regina für alles, was du jemals im Leben für mich getan hast.

Meiner **lieben Mama**. Sie hat mich 1973 geboren. Keine Sekunde hat sie darüber nachgedacht, mich in ein Pflegeheim oder ein Internat zu geben, auch wenn sie selbst ihr Leben dadurch massiv eingeschränkt hat. Im Gegenteil, sie hat für mich immer gekämpft und alles gegeben. Von ihr durfte ich kämpfen lernen. Ich bin stolz auf Dich! Danke Mama!

Meinen **Assistenzkräften**, die mich seit 2003 versorgt haben. Besonders danken möchte ich meinem jetzigen Assistenzteam, die ihre Arbeit, die von Außenstehenden leider permanent unterschätzt wird, rund um die Uhr mit Liebe und Stolz ausüben. Vielen Dank euch allen!

Meinem **Freund Wolfgang Fierek**, für den es nicht nur bei der Muskeltour, sondern auch bei diesem Projekt selbstverständlich war, uns zu unterstützen. Wolfgang ist ein sehr bodenständiger Mensch und er lässt sich seine Prominenz nicht anmerken. Er sagte einmal zu mir: „Matthias, du bist ein großes Vorbild für mich!" Das werde ich niemals vergessen. Vielen Dank Wolfgang, dass Du für mich jederzeit erreichbar bist und mir und meinem Leben so großes Engagement entgegenbringst.

Regina bedankt sich von ganzem Herzen bei:

Markus, meinem Lebensgefährten und treuem Wegbegleiter. Er war mir nicht nur bei der Entstehung dieses Buches eine große Stütze, sondern steht mir in allen Lebenslagen immer mit Rat und Tat zur Seite. Nicht zuletzt durch sein SEIN und unser MITEINANDER darf ich seit Jahren ein gesundes, erfülltes Leben voller Respekt, tollen Erlebnissen - auf der großen weiten Welt - mit endloser Liebe erleben. DANKE, für all das, was du für mich getan hast und tust. Du bist einfach das größte Geschenk, dass mir das Leben machen konnte. Schön, das es Dich gibt.

Mama und Papa, die mir mein Leben geschenkt haben. Zusammen mit meiner **Schwester Angelika** sind sie in allen Lebenslagen immer für mich da. Auf meine wundervolle Familie kann ich mich stets verlassen, auch wenn sie sich vielleicht manchmal wünschen, dass ich ein „normaleres und ruhigeres Leben" führe - mit weniger Gefahren. Schlussendlich ist meiner Familie aber immer am wichtigsten, dass ich glücklich bin. DANKE dafür! Mein ganzer Stolz geht an meine wunderbaren Neffen: Florian, Jonas und Lukas. Schön, dass es Euch gibt.

Matthias, der sich nie entmutigen und mit seinem Kampfgeist sich von jeder Schnapsidee anstecken lässt :). Mit ihm unmögliche Dinge einfach möglich zu machen, gibt mir sehr viel zurück. Seine Zufriedenheit und Dankbarkeit ist unbezahlbar. - INKLUSION GEHT JEDEN AN - Es ist einfach schön zu erleben ein Menschenleben so aufwerten zu können. Ich bin sehr stolz über seine persönliche und gesundheitliche Weiterentwicklung und freue mich ungemein darüber, dass er nun auch andere Menschen damit motiviert. Danke dafür!

„ABSEITS VON DER AUTOBAHN SIND DIE SCHÖNSTEN WEGE, DU MUSST SIE NUR ERSCHAFFEN!“

– Regina Schiele –

Thank you

"MACH DAS LICHT IN DEINEM KOPF AN UND DAS LEBEN WIRD HELLER."

- Regina Schiele -

INFO'S UNTER

Schreibe uns auch gerne
Dein Feedback zum Buch
an: info@borntolive.net